Fundamentos de SAAMM

Simplified Approximate Analytical Mathematical Method

Regiane Aparecida Ragi Pereira

Fundamentos de SAAMM
Simplified Approximate Analytical Mathematical Method

2024

Copyright © 2023 Regiane Aparecida Ragi Pereira
1ª Edição

Direção editorial: José Roberto Marinho

Capa: Fabrício Ribeiro
Revisor técnico: Murilo Araujo Romero

Edição revisada segundo o Novo Acordo Ortográfico da Língua Portuguesa

Dados Internacionais de Catalogação na publicação (CIP)
(Câmara Brasileira do Livro, SP, Brasil)

Pereira, Regiane Aparecida Ragi
Fundamentos de SAAMM: simplified approximate analytical mathematical method / Regiane Aparecida Ragi Pereira. – São Paulo: Livraria da Física, 2023.

Vários autores.
Bibliografia.
ISBN 978-65-5563-401-3

1. Cálculos numéricos - Programas de computador 2. Ciência da computação 3. Logaritmos I. Título.

23-182166 CDD-004

Índices para catálogo sistemático:
1. Ciência da computação 004

Tábata Alves da Silva - Bibliotecária - CRB-8/9253

Todos os direitos reservados. Nenhuma parte desta obra poderá ser reproduzida sejam quais forem os meios empregados sem a permissão da Editora. Aos infratores aplicam-se as sanções previstas nos artigos 102, 104, 106 e 107 da Lei Nº 9.610, de 19 de fevereiro de 1998

Editora Livraria da Física
www.livrariadafisica.com.br
(11) 3815-8688 | Loja do Instituto de Física da USP
(11) 3936-3413 | Editora

Sumário

Introdução.. 9
Capítulo 1 – Método Analítico Aproximado Simplificado 11
    O Método.. 11

        Aplicação de SAAMM à diversas funções matemáticas ... 13

            Funções trigonométricas 13

            Problema 1 13

            Problema 2 15

            Problema 3 16

            Problema 4 17

            Problema 5 18

            Problema 6 20

            Problema 7 20

            Problema 8 21

            Problema 9 21

            Funções hiperbólicas 22

            Problema 10 22

            Funções exponenciais e logarítmicas 23

            Problema 11 24

            Problema 12 24

Capítulo 2 - Equações polinomiais com SAAMM 27
    Discussões iniciais 27

        Aplicando o método 29

        Primeira Etapa 29

        Segunda Etapa 30

            Passo 1 30

            Passo 2 30

Passo 3 31
Terceira Etapa 32
    Problema 13 34
    Problema 14 41
    Problema 15 45
    Problema 16 53
    Problema 17 59
    Problema 18 59
Capítulo 3 – Equações transcendentais com SAAMM 71
    Problema 19 71
    Problema 20 77
    Problema 21 82
    Problema 22 89
    Problema 23 93
Conclusão 99

"Inspiração existe, mas ela precisa te encontrar trabalhando." (Pablo Picasso).

Introdução

O modelo SAAMM refere-se ao Método Analítico Matemático Aproximado Simplificado, ou, em inglês, Simplified Approximate Analytical Mathematical Method (SAAMM), que é uma técnica matemática para resolver analiticamente, de forma aproximada, equações polinomiais, transcendentais e diferenciais, desenvolvida por nós, podendo ser usada para resolver uma ampla gama de problemas em engenharia, física e outras áreas de ciência aplicada. SAAMM é uma técnica relativamente simples que pode ser aplicada com facilidade, mesmo sem conhecimentos matemáticos avançados. Devido à sua simplicidade e eficiência, o modelo SAAMM também pode ser usado como uma ferramenta educacional para ensinar alunos do ensino médio a fazer cálculos diversos. Quando a solução de problemas envolve funções transcendentais, ao aplicarmos SAAMM (Simplified Approximate Analytical Mathematical Method) podemos utilizar apenas os primeiros termos das séries de Taylor de uma função para construir uma expressão analítica aproximada da função desejada. As séries de Taylor são representações matemáticas que descrevem uma função em termos de uma soma infinita de termos polinomiais. Essas séries permitem aproximar uma função complicada por meio de um número finito de termos, levando em conta as derivadas da função em um ponto específico. Ao considerar apenas os primeiros termos, é possível capturar o comportamento essencial da função em torno desse ponto e obter uma aproximação adequada. Quanto mais termos da série de Taylor forem utilizados, maior será a precisão da aproximação. A utilização das séries de Taylor associado ao SAAMM permite obter aproximações analíticas mais simples e elegantes das funções, mantendo um bom nível de precisão. O SAAMM é de fato uma abordagem ligeiramente diferente das tradicionalmente apresentadas em cursos acadêmicos. Seu objetivo principal é fornecer expressões analíticas matemáticas aproximadas e simplificadas, que sejam úteis em situações em que a obtenção de uma solução exata é difícil ou complexa. Nos cursos tradicionais, é comum aprendermos métodos analíticos exatos para resolver problemas matemáticos. Esses métodos fornecem soluções exatas que seguem rigorosamente as propriedades matemáticas das funções e equações envolvidas. No entanto, em muitos problemas reais em ciências e engenharia, é difícil obter uma solução exata utilizando apenas os métodos analíticos tradicionais. Isso ocorre principalmente quando as equações são complexas ou envolvem funções transcendentais, sistemas não lineares, equações diferenciais não triviais, entre outros desafios matemáticos. É nesse contexto que o SAAMM se destaca. Ele oferece uma abordagem alternativa, baseada em aproximações analíticas simplificadas, que podem fornecer resultados úteis e suficientemente precisos para muitas aplicações práticas. O SAAMM não visa substituir os métodos analíticos exatos tradicionais, mas sim complementá-los, oferecendo uma alternativa quando uma solução exata é inatingível ou computacionalmente custosa. Ele busca equilibrar a precisão necessária com a simplicidade da expressão analítica obtida, permitindo uma análise mais rápida e eficiente dos problemas em questão.

Capítulo 1 – Método Analítico Aproximado Simplificado

Neste capítulo, vamos apresentar o Método Analítico Matemático Aproximado Simplificado, ou, em inglês, *Simplified Approximate Analytical Mathematical Method*, também chamado por nós de SAAMM, cujos detalhes serão discutidos a seguir.

O Método

Chamamos Método Analítico Matemático Aproximado Simplificado (SAAMM) a técnica na qual substituímos numa função real, f(x), a variável real, x, por,

$$x = \begin{cases} \theta + U, & se\ (x - U) > 0 \\ -\theta + U, & se\ (x - U) < 0 \end{cases} \qquad (1)$$

para escrever uma expressão aproximada, $f(\theta)$[1], em termos de θ. Na Eq. (1), θ é uma variável real, de valor pequeno, $\theta \ll 1$, e U é um valor definido por

$$U = m/j, \qquad (2)$$

com j um valor inteiro muito grande, na prática, arbitrário, e

$$m = inteiro\{jx\}, \qquad (3)$$

o valor inteiro mais próximo que se obtém a partir do produto jx. Baseado nisso, podemos escrever a Definição 1.

Definição 1

Seja $f(\theta)$ uma função definida para valores de θ em um certo domínio. A aproximação baseada nessa definição estabelece que, à medida que o inteiro j aumenta, o valor absoluto de $f(\theta)$ diminui:

$$\lim_{j \to \infty} |f(\theta)| = 0$$

---

[1] Na prática, quando utilizamos esse recurso para calcular equações polinomiais ou transcendentais, basta trabalhar com uma das opções, $(x - U) > 0$ ou $(x - U) < 0$, e depois, simplesmente, retornar para o resultado em x.

O SAAMM pode ser bem sucedidamente empregado em diversas tarefas, entre elas, para escrever aproximações para funções transcendentais, para resolver de forma aproximada equações polinomiais e/ou transcendentais, para resolver equações diferenciais, ou para resolver integrais, desde que, estabelecidas adequadamente as condições de validade das constantes utilizadas na aproximação. Neste capítulo, o objetivo é fornecer ao leitor uma compreensão mais profunda do Método Analítico Aproximado Simplificado (SAAMM) por meio da aplicação desse método em casos específicos que são muito úteis para resolver problemas em ciências e engenharia. Esses casos envolvem as funções trigonométricas, hiperbólicas, exponenciais e logarítmicas. Ao aplicar SAAMM a essas funções, o capítulo visa ilustrar como o método pode ser usado para obter funções aproximadas para essas funções. Isso permite que o leitor entenda como o SAAMM funciona na prática e como as aproximações obtidas podem ser aplicadas em diversos problemas técnicos e científicos. Ao aplicar o SAAMM às funções trigonométricas, hiperbólicas, exponenciais e logarítmicas, o capítulo demonstrará passo a passo como encontrar as funções aproximadas correspondentes. Levando em conta os primeiros termos das Séries de Taylor, das funções, o método fornece expressões analíticas aproximadas e simplificadas suficientemente precisas para diversos trabalhos. Ao final do capítulo, espera-se que o leitor tenha uma compreensão sólida do SAAMM e seja capaz de aplicar esse método em outras situações além das funções mencionadas. Com base nos exemplos fornecidos, o leitor terá adquirido conhecimentos práticos que podem ser adaptados e utilizados em uma ampla gama de problemas técnicos e científicos, para que o leitor compreenda melhor o funcionamento do SAAMM e sua utilidade na resolução de problemas em ciências e engenharia, em geral. Um primeiro problema que gostaríamos de discutir, é o das funções trigonométricas.

Aplicação de SAAMM à diversas funções matemáticas

Funções trigonométricas

Problema 1

> Obtenha uma expressão, linear, aproximada para a função,
> $$f(x) = \sin(x) \quad (4)$$
> baseada no Método Analítico Aproximado Simplificado (SAAMM), e compare o resultado da função aproximada com um resultado de referência. Calcule também o erro relativo da aproximação.

Nosso objetivo nesse exercício é encontrar uma função aproximada, para a função $\sin(x)$, usando a Definição 1. Dessa forma, podemos considerar, $x = \theta + U$, e escrevermos:
$$\sin(x) = \sin(\theta + U)$$

com $U = m/j$, j um número inteiro e $m = inteiro\{jx\}$.

Aplicando-se as propriedades das funções trigonométricas, obtemos,
$$\sin(x) = \sin(\theta)\cos(U) + \sin(U)\cos(\theta). \tag{5}$$

Em seguida, vamos utilizar os resultados fornecidos pelas expansões em Série de Taylor das funções, f(x), estudadas:
$$f(x) \sim \sum_{j=0}^{n} \frac{f^j(a)}{j!}(x-a)^j \tag{6}$$

com $n \in \mathbb{N}$. As funções $\sin(\theta)$ e $\cos(\theta)$ na Eq. (5) podem ser escritas, respectivamente, em termos de suas Séries de Taylor, dada por:
$$\sin(\theta) = \sum_{n=0}^{\infty} \frac{(-1)^n}{(2n+1)!}\theta^{2n+1} \tag{7}$$

$$\cos(\theta) = \sum_{n=0}^{\infty} \frac{(-1)^n}{(2n)!}\theta^{2n} \tag{8}$$

com n um número inteiro, e θ, um número real, pequeno. Como em geral estamos interessados em representar essas expressões de forma mais simplificada possível, vamos, primeiramente, expandir as séries das Eqs. (7) e (8) até n = 1, de modo que podemos escrever,

$$\sin(\theta) \cong \theta \tag{9}$$
$$\cos(\theta) \cong 1 \tag{10}$$

Assim, a Eq. (5) pode ser reescrita como,
$$\sin(x) \cong \theta\cos(U) + \sin(U). \tag{11}$$

Partindo da Eq. (1), podemos voltar a expressão de sin(x), somente em termos de x, assumindo-se, $\theta = x - U$. Assim, podemos escrever, $fsin(x)$, a função aproximada para a função sin(x), como,

$$\sin(x) \cong Sx + (T - SU) = fsin(x), \qquad (12)$$

com

$$S = \cos(U) \qquad (13)$$
$$T = \sin(U) \qquad (14)$$

e, $U = m/j$ e $m = inteiro\{jx\}$, como descrito na Definição 1.

Problema 2

Analise graficamente o resultado obtido na Eq. (12) e calcule o erro relativo da aproximação, considerando, j = 2, 32 e 10000. Discuta o papel de j na aproximação.

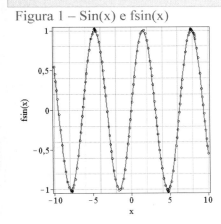

Figura 1 - Sin(x) e fsin(x)

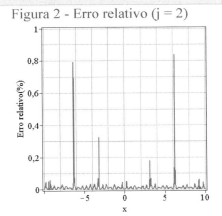

Figura 2 - Erro relativo (j = 2)

A comparação entre os resultados pedidos no Problema 2 pode ser avaliada analisando-se a Figura 1 e a Figura 2. Na Figura 1 vemos a comparação entre as curvas, sin(x) e fsin(x), sendo a linha sólida a curva obtida para sin(x) e a curva de pontos os resultados fornecidos pela aplicação direta da Eq. (12). Quando j = 2, o erro relativo da aproximação pode chegar a 1 %, o que corresponde ao pior cenário da aproximação.

Figura 3 – Sin(x) e fsin(x)　　　　Figura 4 - Erro relativo (j = 32)

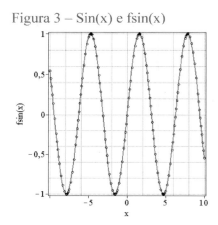 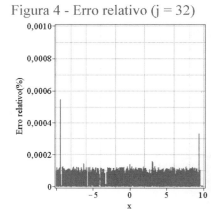

Entretanto, essa precisão pode ser melhorada, quando consideramos, j = 32. Neste caso, o erro relativo pode chegar a 0.0006 %. Isso pode ser verificado, analisando-se o resultado mostrado na Figura 3 e na Figura 4. Como é possível ver a partir das análises anteriores, à medida que j cresce, o erro relativo para esse caso, diminui de forma significativa, alcançando no máximo até 10^{-9} %, quando j = 10000, o que representa uma excelente precisão para muitos trabalhos. Entretanto, dependendo da aplicação a qual se destine, se maior precisão for necessária em um determinado trabalho, mais termos das Séries de Taylor, Eqs. (7) e (8), podem ser consideradas. Veja o exemplo do Problema 3.

Problema 3

Analogamente, ao Problema 1, obtenha uma expressão quadrática, aproximada para a função, $f(x) = \sin(x)$, dada por

$$fsin(x) = -\frac{T}{2}x^2 + (S + TU)x + \left(T - SU - \frac{TU^2}{2}\right) \quad (15)$$

baseada no Método Analítico Aproximado Simplificado (SAAMM), e compare o resultado da função aproximada com um resultado de referência. Calcule também o erro relativo da aproximação.

Nesse problema, vamos expandir as séries das Eqs. (7) e (8) até n = 2, de modo que podemos escrever,

$$sin(\theta) \cong \theta \qquad (16)$$

$$cos(\theta) \cong 1 - \frac{\theta^2}{2} \qquad (17)$$

Assim, a Eq. (5) pode ser reescrita como,

$$\sin(x) \cong \theta \cos(U) + \sin(U)\left(1 - \frac{\theta^2}{2}\right). \qquad (18)$$

Partindo da Eq. (1), podemos voltar a expressão de sin(x) somente em termos de x, fazendo valer, $\theta = x - U$. Assim, podemos escrever, fsin(x), a função aproximada quadrática para a função sin(x), como,

$$fsin(x) = -\frac{T}{2}x^2 + (S + TU)x + \left(T - SU - \frac{TU^2}{2}\right) \qquad (19)$$

com $S = \cos(U)$, $T = \sin(U)$, $U = m/j$ e $m = inteiro\{jx\}$.

Para compreender melhor o papel de j nas aproximações obtidas aplicando-se SAAMM, veja o Problema 4.

Problema 4

Partindo da Definição 1, mostre graficamente, que, para qualquer valor de x, θ tende à zero, à medida que j cresce. Discuta as implicações desse fato nas aproximações obtidas nos problemas anteriores.

Tomando por exemplo, $x = \pi/3$, a Figura 5 ilustra o papel de j, na aproximação usada, garantindo que θ tende à zero, à medida que j cresce, fazendo com que as expansões em Séries de Taylor em θ, sejam cada vez mais, muito precisas, de onde vem todo o sucesso do método SAAMM.

Figura 5 – θ em função de j quando x = π/3.

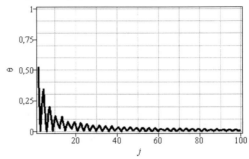

Problema 5

Mostre como o Método Analítico Aproximado Simplificado (SAAMM) pode ser usado para fornecer cálculos rápidos e à mão para o seno de vários argumentos, como aqueles descritos abaixo:

Tabela 1

$\theta(°)$	$\theta(rad)$	2U	S	T	$fsin(\theta)$	$\sin(\theta)$	$Erro_r$
2	$\pi/90$						
7	$7\pi/180$						
21	$7\pi/60$						
32	$8\pi/45$						
72	$2\pi/5$						
81	$9\pi/20$						
135	$3\pi/4$						
183	$61\pi/60$						

Calcule também o valor do erro relativo da aproximação, $Erro_r$, associado a cada argumento, usando a relação:

$$Erro_r = \left(\frac{\sin(\theta) - fsin(\theta)}{\sin(\theta)}\right).$$

Curiosamente, os conceitos apresentados na Definição 1, podem ser um excelente aliado no ensino de matemática elementar, usando por exemplo, a Eq. (19), dada por:

$$fsin(x) = -\frac{T}{2}x^2 + (S + TU)x + \left(T - SU - \frac{TU^2}{2}\right)$$

para se obter o valor do seno aproximado de vários argumentos, de forma rápida e à mão. Neste caso devemos fazer uma pequena readaptação do método, apresentado na Definição 1, reescrevendo, U e m, de uma maneira mais conveniente para a realização de cálculos à mão, o que pode ser obtido, considerando:

$$U = m\pi/j, \tag{20}$$

$$m = inteiro\left\{\frac{jx}{\pi}\right\}, \tag{21}$$

embora seja necessário observar que, dessa forma, as aproximações obtidas possam perder alguma precisão, mas, estamos interessados aqui, apenas nos aspectos didáticos que esse exercício levanta. Usando propriedades trigonométricas, podemos reescrever, S = cos(U) e T = sin(U), de uma forma mais convenientemente:

$$S = \sqrt{\frac{1}{2}[1 + \cos(2U)]}$$

$$T = \sqrt{\frac{1}{2}[1 - \cos(2U)]}$$

permitindo construir facilmente a Tabela 2, quando consideramos, j = 4. Os resultados para o sin(x) aproximado obtido com a Eq. (19) possui um erro associado inferior a 2.5 %, o que pode ser usado para algumas finalidades, como por exemplo, a demonstração de cálculos à mão com a fórmula mostrada na Eq. (19). Para outras aplicações, entretanto, pode-se usar altos valores de j, que permite obter resultados muito mais preciso com a mesma fórmula.

Tabela 2

$\theta(°)$	$\theta(rad)$	2U	S	T	$fsin(\theta)$	$\sin(\theta)$	$Erro_r$

2	$\pi/90$	0	1	0	0.0349	0.0349	0.0203
7	$7\pi/180$	0	1	0	0.1222	0.1219	0.2492
21	$7\pi/60$	0	1	0	0.3665	0.3584	2.2700
32	$8\pi/45$	$\pi/2$	$\sqrt{2}/2$	$\sqrt{2}/2$	0.5285	0.5299	0.2738
72	$2\pi/5$	π	0	1	0.9506	0.9510	0.0425
81	$9\pi/20$	π	0	1	0.9877	0.9877	0.0026
135	$3\pi/4$	$3\pi/2$	$-\sqrt{2}/2$	$\sqrt{2}/2$	0.7071	0.7071	0.0000
183	$61\pi/60$	2π	-1	0	-0.0523	-0.0523	0.0457

Note que, a utilização de U e m, como escritos nas Eqs. (20) e (21), somente devem ser usados, preferencialmente, em caráter didático, para demonstrar com essa ferramenta, cálculos rápidos e à mão, sendo que em todos os demais casos, devem-se usar as Eqs. (2) e (3), que garantem maior precisão aos resultados. É importante ressaltar que todos os resultados apresentados até o momento podem ser empregados para calcular o argumento de qualquer função trigonométrica, como pode ser visto nos problemas a seguir.

Problema 6

Com base nos conceitos discutidos até este momento, mostre que podemos escrever uma função analítica aproximada linear para o cosseno de um argumento, x, dada por

$$fcos(x) = -Tx + (S + TU) \quad (22)$$

baseada no Método Analítico Aproximado (SAAMM), e compare o resultado da função aproximada com um resultado de referência. Calcule também o erro relativo da aproximação.

Problema 7

Analogamente, ao Problema 1, obtenha uma expressão quadrática, aproximada para a função, $f(x) = \cos(x)$, baseada no Método Analítico Aproximado Simplificado (SAAMM), dada por

$$fsin(x) = -\frac{S}{2}x^2 + (SU - T)x + \left(S + TU - \frac{SU^2}{2}\right) \quad (23)$$

e compare o resultado da função aproximada com um resultado de referência. Calcule também o erro relativo da aproximação.

Problema 8

Obtenha as expressões lineares aproximadas para as funções, $f(x) = \sin(2x^2)$ e $f(x) = \cos(2x^2)$, baseadas no Método Analítico Aproximado Simplificado (SAAMM), e mostre que elas podem ser escritas como:

$$fsin(x) = -\frac{S}{2}x^2 + (SU - T)x + \left(S + TU - \frac{SU^2}{2}\right) \quad (24)$$

$$fsin(x) = -\frac{S}{2}x^2 + (SU - T)x + \left(S + TU - \frac{SU^2}{2}\right) \quad (25)$$

Compare o resultado da função aproximada com um resultado de referência. Calcule também o erro relativo da aproximação.

Problema 9

Mostre que a função tangente pode ser representada por uma função analítica aproximada, dada por

$$ftan(x) = (1 + Q^2)(x - U) + Q \quad (26)$$

obtida pelo Método Analítico Aproximado (SAAMM), com $Q = \tan(U)$. Compare graficamente o resultado da função aproximada com um resultado de referência. Calcule também o erro relativo da aproximação.

Neste caso, podemos partir da Definição 1 e considerar, $x = \theta + U$, e escrever,

$$\tan(x) = \tan(\theta + U),$$

em que buscamos escrever uma expansão em Série de Taylor, de θ até primeira ordem, em torno de $\theta = U$, da seguinte maneira:

$$tan(\theta + U) \cong \tan(U) + (1 + \tan(U)^2)\theta \qquad (27)$$

com, $Q = \tan(U)$, que resulta em:

$$tan(\theta + U) \cong Q + (1 + Q^2)\theta \qquad (28)$$

Partindo da Eq. (1), podemos voltar a expressão de tan(x) somente em termos de x, fazendo valer, $\theta = x - U$. Assim, podemos escrever, ftan(x), a função aproximada para a função tan(x), como,

$$\text{ftan}(x) = Q + (1 + Q^2)(x - U), \qquad (29)$$

com Q = tan(U), U = m/j e $m = inteiro\{jx\}$.

Funções hiperbólicas

O Método Analítico Aproximado Simplificado (SAAMM) tem se mostrado uma abordagem eficaz na resolução de problemas em ciências e engenharia, não se limitando apenas a funções trigonométricas, mas também sendo aplicável a funções hiperbólicas. As funções hiperbólicas, como a seno hiperbólico e o cosseno hiperbólico, são amplamente utilizadas em diversas áreas científicas e engenharia, como na análise de circuitos elétricos, na mecânica dos fluidos e na modelagem de sistemas dinâmicos, entre outros. O SAAMM oferece uma forma simplificada de aproximação analítica dessas funções, permitindo a obtenção de resultados precisos com expressões analíticas aproximadas simplificas.

Problema 10

Obtenha uma expressão, linear, aproximada para a função seno hiperbólico e cosseno hiperbólico, baseada no Método Analítico Aproximado Simplificado (SAAMM), e mostre que,

$$f\sinh(x) = Px + (R - PU) \qquad (30)$$
$$f\cosh(x) = Rx + (P - RU) \qquad (31)$$

> com $P = cosh(U)$ e $R = fsinh(U)$. Compare o resultado das funções aproximadas com resultados de referência. Calcule também o erro relativo da aproximação.

Ao aplicar o SAAMM a funções hiperbólicas, é possível obter soluções aproximadas que se aproximam bastante dos resultados exatos, especialmente em situações em que a precisão é necessária, mas a obtenção de uma solução analítica exata é difícil ou computacionalmente intensiva. É importante ressaltar que o sucesso do SAAMM na resolução de problemas que envolvem funções hiperbólicas depende da escolha adequada dos parâmetros e do grau de precisão desejado. Em alguns casos, pode ser necessário ajustar a abordagem ou utilizar outras técnicas complementares para obter resultados ainda mais precisos. Sua simplicidade e eficácia tornam-no uma ferramenta valiosa na análise e resolução em uma ampla gama de desafios técnicos e científicos.

Funções exponenciais e logarítmicas

Analogamente às funções trigonométricas e hiperbólicas, o Método Analítico Aproximado Simplificado (SAAMM) também pode ser aplicado com sucesso em funções exponenciais e logarítmicas, proporcionando excelentes resultados em problemas diversos em ciência e engenharia. As funções exponenciais e logarítmicas desempenham um papel fundamental em várias áreas, como modelagem de crescimento populacional, análise de decaimento radioativo, teoria da probabilidade, circuitos eletrônicos e análise financeira, entre outros campos. O SAAMM oferece uma abordagem simplificada para a obtenção de aproximações analíticas dessas funções, permitindo resultados precisos com expressões simplificadas. Ao aplicar o SAAMM a funções exponenciais, é possível obter aproximações analíticas que se aproximam dos resultados exatos, levando em consideração a forma geral da função e ajustando os coeficientes adequados. Isso é particularmente útil quando a obtenção de uma solução analítica exata é complexa ou quando a função exponencial é parte de um problema maior que requer cálculos rápidos e eficientes. Da mesma forma, o SAAMM pode ser aplicado a funções logarítmicas, buscando representar sua forma geral com uma expressão analítica aproximada. Essa abordagem permite obter resultados precisos para problemas que envolvem funções logarítmicas, sendo especialmente útil quando a obtenção de uma solução exata é desafiadora ou demanda um esforço computacional considerável. É importante ressaltar que, assim como nas funções trigonométricas e hiperbólicas, a precisão do SAAMM nas funções exponenciais e logarítmicas depende da escolha adequada dos parâmetros e do grau de precisão desejado. Em alguns casos, podem ser necessários ajustes ou o uso de técnicas complementares para aprimorar os resultados.

Problema 11

Obtenha uma expressão, linear, aproximada para a função exp(x), baseada no Método Analítico Aproximado Simplificado (SAAMM), e mostre que,

$$fexp(x) = (P + R)(x + 1 + U) \qquad (32)$$

com $P = cosh(U)$ e $R = fsinh(U)$. Compare o resultado das funções aproximadas com resultados de referência. Calcule também o erro relativo da aproximação.

Problema 12

Obtenha uma expressão, linear, aproximada para a função log(x), baseada no Método Analítico Aproximado Simplificado (SAAMM), e mostre que,

$$flog(x) = \log(U) + \frac{1}{U}(x - U) \qquad (33)$$

Compare o resultado das funções aproximadas com resultados de referência. Calcule também o erro relativo da aproximação.

O Método Analítico Aproximado Simplificado (SAAMM), que leva em conta apenas os primeiros termos das Séries de Taylor das funções, resulta em equações aproximadas para diversas funções que aparece frequentemente em problemas de ciências e engenharia. Neste livro, ilustramos a aplicação do métodos as funções trigonométricas, hiperbólicas, exponenciais e logarítmicas, mas o leitor pode se sentir à vontade para aplicar o método a qualquer outra função que necessite em seu projeto específico de trabalho.

Capítulo 2 - Equações polinomiais com SAAMM

Discussões iniciais

A solução de polinômios é um ramo muito importante da matemática que possui aplicações em diversas áreas do conhecimento, sendo essencial em disciplinas, como álgebra, análise matemática, física, engenharia, ciência da computação etc. Os polinômios são expressões matemáticas compostas por variáveis elevadas a potências não negativas, multiplicadas por coeficientes constantes, como apresentados na Definição 2.

Definição 2

> Polinômios são funções matematicas numa variável real, x, de grau n, que podem conter, constantes reais, a_0, a_1, a_2, ..., a_n, e consistir de diversas somas e/ou subtações, de termos compostos por multiplicação entre constantes e potências de variáveis. De uma forma geral, podemos definir matemáticamente uma função polinômial de grau, n, como
>
> $$f(x) = a_0 x^0 + a_1 x^1 + a_2 x^2 + \ldots + a_n x^n,$$
>
> com $n \in \mathbb{N}$.

O grau de um polinômio, n, se refere ao maior expoente de sua variável. Por exemplo, um polinômio de grau 1 é uma expressão algébrica que contém uma variável elevada à um,

$$f(x) = a_0 + a_1 x^1,$$

um polinômio de grau 2 é uma expressão algébrica que contém uma variável elevada à dois,

$$f(x) = a_0 x^0 + a_1 x^1 + a_2 x^2$$

enquanto um polinômio de grau 3 contém uma variável elevada à três,

$$f(x) = a_0 x^0 + a_1 x^1 + a_2 x^2 + a_3 x^3,$$

e assim por diante. Um dos tópicos centrais no estudo dos polinômios é a determinação de suas raízes, que são os valores que tornam o polinômio igual a zero:

$$f(x) = 0.$$

Essas raízes podem ser reais ou complexas e podem ser encontradas utilizando-se técnicas analíticas ou algoritmos computacionais. Pesquisadores e cientistas, frequentemente, se defrontam em seus trabalhos, com problemas dessa natureza, em que precisam resolver a equação polinomial:

$$a_0 x^0 + a_1 x^1 + a_2 x^2 + \ldots + a_n x^n = 0. \qquad (34)$$

Algumas vezes, o uso de técnicas de rearranjo de termos e fatoração, pode conduzir a simplificações bastante interessantes, para a solução de equações como a Eq. (34). Outras vezes, encontrar uma solução pode ser algo, de fato, desafiador. A solução analítica de um polinômio de grau n é uma expressão matemática exata que fornece todas as raízes (ou soluções) do polinômio. Quando n é pequeno, como em polinômios de grau 1 ou 2, a solução analítica é simples de encontrar usando as fórmulas conhecidas para equações lineares e quadráticas. No entanto, à medida que n aumenta, encontrar uma solução analítica se torna cada vez mais difícil. Para polinômios de grau n > 2, a solução analítica pode ser extremamente complexa e envolver técnicas matemáticas avançadas, como fatoração, teoria dos grupos, funções especiais, entre outras. Em muitos casos, não existe uma fórmula geral para encontrar todas as raízes de um polinômio de grau n. Assim, quando se trata de polinômios de grau elevado, geralmente é necessário recorrer a métodos numéricos para encontrar as soluções, como o método de Newton-Raphson, o método da bissecção, entre outros, o que pode reduzir a simplicidade do método de solução. Neste sentido, a aplicação do SAAMM ao problema específico de encontrar soluções de equações polinomiais de qualquer ordem, torna-se uma ferramenta muito útil para se obter soluções analíticas aproximadas simplificadas, para diversos tipos de problemas.

Aplicando o método

Primeira Etapa

A primeira etapa para encontrarmos as raízes analíticas aproximadas simplificadas de equações polinomiais, $f(x) = 0$, usando SAAMM, consiste em, inicialmente, fazer um reconhecimento gráfico da função, $f(x)$, procurando graficamente quantas raízes a equação possui. A partir disso, delimitamos os possíveis intervalos que contenham essas raízes,

$$x_{min} \leq x_{0,k} \leq x_{max}.$$

Como é usual em problemas numéricos dessa natureza, devemos verificar condições matemáticas importantes, como a continuidade da função, $f(x)$, e a preservação do sinal da derivada, para cada intervalo, garantindo a condição de existência e de unicidade da raiz da equação, no intervalo considerado. $x_{0,k}$ é o chute inicial da raiz procurada, que pode ser extraída a partir do conhecimento do intervalo escolhido, de tal modo que podemos escrever:

$$x_{0,k} = \frac{1}{2}(x_{max} + x_{min}), \qquad (35)$$

com k sendo um número inteiro que representa a k-ésima raiz procurada.

Segunda Etapa

A segunda etapa do método consiste em determinar a raiz analítica aproximada simplificada, $x_{1,k}$, aplicando-se a Definição 1, e conhecendo-se o chute inicial, $x_{0,k}$. Em geral, pode-se seguir os seguintes passos:

Passo 1
Inicialmente, aplicamos a Definição 1 e substituímos,

$$x = \theta + U,$$

na função original, $f(x)$, de modo a escrever a função, $f(\theta)$, com $U = U(x_{0,k}) = m(x_{0,k})/j$,

$$m = m(x_{0,k}) = inteiro\{jx_{0,k}\},$$

$x_{0,k}$, o chute inicial, e j um número inteiro muito grande, por exemplo, j = 5000000000.

Passo 2
Considerando a aproximação baseada na Definição 1, que garante que, quanto maior o inteiro j, menor o valor de θ, podemos escolher os termos em $f(\theta)$, até a ordem, n, que desejamos trabalhar, e desprezar todos os termos em θ de ordem superior a ordem escolhida. Assim, considerando esse procedimento, podemos escrever, uma nova função, $f_{aprox}(\theta)$.

Definição 3

> Seja $f(\theta)$ uma função polinomial de ordem, n, um número inteiro,
>
> $$f(\theta) = a_0 + a_1\theta + a_2\theta^2 + \cdots + a_k\theta^k + \cdots + a_n\theta^n \quad (36)$$
>
> definida para valores de θ em um determinado domínio. a_0, a_1, a_k e a_n, são coeficientes do polinômio, e k é um número inteiro, com $k \leq n$. Considere um outro número inteiro m que determina a ordem máxima, desejada, escolhida para aproximação desse polinômio, por exemplo, m = 1, a partir da qual, definimos uma nova função, a função aproximada,
>
> $$f_{aprox}(\theta) = a_0 + a_1\theta.$$
>
> Nessa função, todos os termos de θ^k, da Eq. (36), com $k \geq m$, são desprezados.

Portanto, $f_{aprox}(\theta)$, é uma aproximação de $f(\theta)$, que retém apenas os termos até a ordem m, representando uma simplificação do polinômio original ao considerar apenas os termos mais significativos em termos de ordem do polinômio.

Passo 3
Em seguida, resolvemos a equação simplificada em θ,

$$f_{aprox}(\theta) = 0$$

e encontramos a raiz, θ. Com base nessa expressão, podemos, usando a Definição 1, calcular o valor aproximado da raiz, x, a partir da equação,

$$x = \theta + U$$

em que, podemos escrever,

$$x = x(x_{0,k}) = \theta(x_{0,k}) + U(x_{0,k})$$

Note que, também podemos escrever, a raiz procurada,

$$x_{1,k} = x(x_{0,k})$$

a partir desse resultado. Nesse ponto, podemos comparar o valor de $x_{1,k}$ obtido, com um valor de referência, calculando o erro relativo ou o erro absoluto da aproximação, e avaliamos, de acordo as condições estabelecidas no problema.

Terceira Etapa

A terceira etapa do método consiste em determinar a raiz analítica aproximada simplificada, $x_{2,k}$, de precisão aumentada, repetindo o processo novamente, mas considerando agora,

$$m = m(x_{1,k}) = inteiro\{jx_{1,k}\},$$

em que obtemos o resultado aproximado,

$$x_{2,k} = x(x_{1,k})$$

Novamente, deve-se verificar o erro relativo da aproximação. Em geral, para a maior parte das aplicações, a precisão alcançada neta etapa já é suficiente. Entretanto, se mais precisão for necessária, pode-se repetir o processo novamente.

A primeira parte não distingue muito do procedimento usual para se encontrar raízes a partir de métodos numéricos tradicionais, como o método de Newton-Raphson, que também necessita de um chute inicial. No entanto, o SAAMM tem uma abordagem ligeiramente diferente, pois não se concentra exclusivamente na busca por raízes de funções, mas sim em fornecer aproximações analíticas simplificadas para funções complicadas em geral. Em vez de encontrar raízes diretamente, o SAAMM visa representar a função original por meio de uma expressão analítica aproximada. Isso permite obter uma aproximação analítica simplificada, que pode ser útil em diversas aplicações em ciências e engenharia, como análise de sistemas dinâmicos, modelagem matemática e solução de equações diferenciais. Diferentemente dos métodos numéricos tradicionais, que geralmente requerem iterações e cálculos computacionais repetidos, o SAAMM busca uma solução analítica aproximada que pode ser mais rápida e eficiente em termos de recursos computacionais. Isso pode ser especialmente vantajoso em situações em que a obtenção de uma solução exata é difícil ou requer muito tempo de processamento.

Os problemas a seguir serão apresentados para explicar detalhadamente a metodologia de aplicação de SAAMM (Simplified Approximate Analytical Mathematical Method), para obtenção das aproximações analíticas simplificadas, das raízes das equações polinomiais. Com a resolução desses problemas, espera-se que o leitor adquira um conhecimento detalhado sobre essa metodologia, permitindo-lhe aplicar este método em outros contextos, adaptando-o conforme necessário para resolver problemas específicos em ciências e engenharia. Para facilitar o desenvolvimento e demonstrar o passo a passo do Método SAAMM, faremos uso da plataforma computacional do Maplesoft. O Maplesoft é um software de computação simbólica que permite realizar cálculos matemáticos avançados, manipular expressões simbólicas e realizar análises detalhadas de problemas matemáticos. Com o auxílio do Maplesoft, poderemos realizar os cálculos necessários, como a manipulação de equações, a aplicação das séries de Taylor e outras técnicas analíticas. Além disso, a plataforma nos permite visualizar os resultados de forma clara e concisa, o que auxiliará na compreensão de cada etapa do método SAAMM. Ao utilizar o Maplesoft, mostraremos, como definir as funções, e obter as expressões analíticas aproximadas simplificadas para os problemas apresentados. Os passos serão explicados em detalhes, e os resultados serão apresentados de forma legível e compreensível. A plataforma do Maplesoft nos permite realizar cálculos precisos, manipular expressões matemáticas complexas e realizar análises numéricas e simbólicas. Isso será essencial para mostrar todo o desenvolvimento do método SAAMM e fornecer uma visão clara do processo utilizado para obter as soluções analíticas aproximadas simplificadas. É importante ressaltar que, embora utilizemos a plataforma do Maplesoft como uma ferramenta para demonstração, os conceitos e os passos do método SAAMM podem ser aplicados manualmente ou utilizando outras ferramentas de computação simbólica disponíveis. O objetivo é fornecer um exemplo prático e detalhado de como utilizar o SAAMM para obter soluções analíticas aproximadas simplificadas em problemas de ciências e engenharia.

Problema 13

> Encontre as três raízes reais da equação polinomial de terceiro grau, dada por:
> $$x^3 - 16.3x^2 + 74.07x - 77.805 = 0$$
> usando o Método Analítico Matemático Aproximado Simplificado (SAAMM), e compare o resultado obtido com a função aproximada para a raiz com um resultado de referência. Calcule também o erro relativo da aproximação.

A seguir, serão apresentados os detalhes pormenorizados da aplicação do método SAAMM para resolver um polinômio de grau três. O objetivo é demonstrar passo a passo como utilizar o SAAMM nesse caso específico.

```
>  restart
>  ###############################
```

> ### *Calculando as três raizes reais da função:*
> $f := x \to x^3 - 16.3 x^2 + 74.07 x - 77.805$:
> ################################
> ###
> ### *Primeira Etapa*
> ###
> ################################
> ###
> ### *Encontrar o chute inicial, x0*
> ###
> ### *Nesta etapa é necessário fazemos o esboço da função f(x) para*
> ### *escolhemos os intervalos que contêm as raízes reais*
> ###
>

$plot(f(x), x = -3 ..12, axes = normal, axis = [gridlines = [14, color = gray]], labels = ["x", "f(x)"], labeldirections = ["horizontal", "vertical"])$

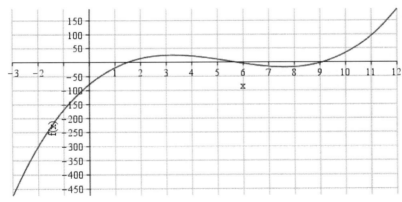

> ### *No gráfico acima vemos que existem três raízes reais*
> ### *Os chutes iniciais, x01, x02 e x03 para as tres raizes procuradas*
> ### *podem ser calculados*
> ################################
> ### *0 < x01 < 4*
> ### *4 < x02 < 8*
> ### *7 < x03 < 12*
> ################################
> $x01 := \dfrac{(0 + 4)}{2}$

$$x01 := 2$$

> $x02 := \frac{(2+8.5)}{2.}$

$$x02 := 5.250000000$$

> $x03 := \frac{(7+12)}{2.}$

$$x03 := 9.500000000$$

> ##################################
> ###
> ### Segunda Etapa
> ###
> ###############################
> ###
> ### Passo 1
> ###
> ### Escrever a função f(θ)
> ###
> ### Substituir $x:=\theta+U$ em $f(x)$
> ###
> $ftheta := f(\text{theta} + U)$

$$ftheta := (\theta + U)^3 - 16.3(\theta + U)^2 + 74.07\,\theta + 74.07\,U - 77.805$$

> $expand(ftheta)$

$$U^3 + 3U^2\theta + 3U\theta^2 + \theta^3 - 16.3\,U^2 - 32.6\,\theta U - 16.3\,\theta^2 + 74.07\,\theta + 74.07\,U - 77.80\!$$

> ###
> ### Passo 2
> ###
> ### Escrever função aproximada em θ
> ### desprezando-se os termos de θ de ordem
> ### igual ou superior a dois
> ###
>

$$faproxtheta := U^3 + 3U^2\theta - 16.3\,U^2 - 32.6\,\theta U + 74.07\,\theta + 74.07\,U - 77.805 :$$

> ###
> ### Podemos escrever em faproxtheta um termo linear, a,
> ### e um termo constante, b.
> ###
> $a := 3U^2 - 32.6\,U + 74.07 :$
> $b := U^3 - 16.3\,U^2 + 74.07\,U - 77.805 :$
> $a := 'a' : b := 'b' :$

> ###
> ### De modo que, de maneira mais simples,
> ### podemos escrever: faproxtheta=aθ+b
> ###
> $faproxtheta := \text{theta} \rightarrow a \cdot \text{theta} + b :$
> ###
> ### Passo 3
> ###
> ### Resolver a equação faproxtheta = 0, obtendo a raiz xaprox:
> ###
> $\text{theta} := -\frac{b}{a} :$
> ###
> ### Conhecendo-se theta, podemos encontrar x:
> ###
> $x := \text{theta} + U$

$$x := -\frac{b}{a} + U$$

> ### Ou, alternativamente,
> ###
> $x := -\frac{b}{a} + U :$
> ###
> ### De onde podemos escrever a raiz aproximada:
> ###
> ##################################
> $xaproxx := x0 \rightarrow \frac{a(x0) \; U(x0) - b(x0)}{a(x0)} :$
> ##################################
> ###
> ### Com:
> ###
> $x := 'x':$
> $a := x \rightarrow 3 \, U(x)^2 - 32.6 \, U(x) + 74.07 :$
> $b := x \rightarrow U(x)^3 - 16.3 \, U(x)^2 + 74.07 \, U(x) - 77.805 :$
> $U := x \rightarrow \frac{m(x)}{j} :$
> $m := x \rightarrow \text{round}(j \cdot x) :$
> $j := 1000000000000 :$
> ##################################

```
> ###
> ### Agora podemos, finalmente, encontrar as tres raizes
> ###
> ####################################
> ###
> ### Primeira raiz
> ###
> x01
```
$$\cdot 2$$

```
> x11 := xaproxx(x01)
```
$$x11 := 1.370627695$$

```
> h := solve(f(x) = 0, x)
```
$$h := 1.500000000, 9.100000000, 5.700000000$$

```
> xN := h[1]
```
$$xN := 1.500000000$$

```
> Errorelativo := abs( (xN − x11)/xN · 100 );   ## Em porcentagem (%)
```
$$Errorelativo := 8.624820333$$

```
> ####################################
> ###
> ### Segunda raiz
> x02
```
$$5.250000000$$

```
> x12 := xaproxx(x02)
```
$$x12 := 5.701406983$$

```
> xN := h[3]
```
$$xN := 5.700000000$$

```
> Errorelativo := abs( (xN − x12)/xN · 100 )
```
$$Errorelativo := 0.02468391228$$

```
> ####################################
> ## Terceira raiz
> x03
```
$$9.500000000$$

```
> x13 := xaproxx(x03)
```
$$x13 := 9.153758542$$

> $xN := h[2]$
$$xN := 9.100000000$$

> $Errorelativo := \text{abs}\left(\frac{(xN - x13)}{xN} \cdot 100\right)$

> ##################################
> ###
> ### Terceira Etapa
> ###
> ##################################
> ###
> ### Repetir o processo da Segunda Etapa para
> ### obtermos as raizes de precisão aumentada
> ###
> $x11$
$$1.370627695$$

> $x21 := xaproxx(x11)$
$$x21 := 1.494237293$$

> $xN := h[1]$
$$xN := 1.500000000$$

> $Errorelativo := \text{abs}\left(\frac{(xN - x21)}{xN} \cdot 100\right)$
$$Errorelativo := 0.3841804667$$

> ##################################
> ###
> ### Segunda raiz
> $x12$
$$5.701406983$$

> $x21 := xaproxx(x02)$
$$x21 := 5.701406983$$

> $xN := h[3]$
$$xN := 5.700000000$$

> $Errorelativo := \text{abs}\left(\frac{(xN - x21)}{xN} \cdot 100\right)$
$$Errorelativo := 0.02468391228$$

> ##################################
> ## Terceira raiz
> $x13$

> $x23 := xaproxx(x13)$

$$9.153758542$$
$$x23 := 9.101187540$$

> $xN := h[2]$

$$xN := 9.100000000$$

> $Errorelativo := abs\left(\frac{(xN - x23)}{xN} \cdot 100\right)$

$$Errorelativo := 0.01304989011$$

> ####################################

Os erros relativos apresentados na terceira etapa demonstram uma boa precisão nas aproximações obtidas. Um erro relativo de 0,38% na primeira raiz, um erro relativo de 0,024% na segunda raiz e um erro relativo de 0,013% na terceira raiz. No entanto, se maior precisão for necessária, é possível repetir a terceira etapa do método, ou considerar mais termos de θ de ordem igual ou superior a 2, no Passo 2 da Segunda Etapa.

Nem sempre os polinômios a serem resolvidos envolvem apenas raízes reais. O SAAMM também pode ser aplicado em casos em que as raízes são complexas. Nesses casos, o método SAAMM também nos permite obter soluções analíticas aproximadas simplificadas, mesmo quando as raízes são complexas. Para facilitar a compreensão do desenvolvimento da obtenção dos resultados, continuaremos utilizando a plataforma computacional do Maplesoft. Através dessa ferramenta, poderemos manipular as expressões simbólicas e visualizar os resultados de forma clara. No próximo exemplo, mostraremos como aplicar o SAAMM para resolver um polinômio com raízes complexas, realizando as etapas necessárias e apresentando o desenvolvimento detalhado passo a passo no Maplesoft. O objetivo é fornecer uma abordagem clara e detalhada para lidar com raízes complexas utilizando o SAAMM.

Problema 14

> Encontre a raiz real da equação polinomial de terceiro grau, dada por:
> $$x^3 - 9x^2 + 33x - 65 = 0,$$
> usando o Método Analítico Matemático Aproximado Simplificado (SAAMM), e compare o resultado obtido com a função aproximada para a raiz com um resultado de referência. Calcule também o erro relativo da aproximação.

```
> ###############################
> restart
> ###############################
> ### Calculando uma raiz real e duas raizes complexas
> f := x→x³ − 9 x² + 33 x − 65 :
> ###############################
> ###
> ### Primeira Etapa
> ###
> ###############################
> ###
> ### Encontrar o chute inicial, x0
> ###
> ### Nesta etapa é necessário fazemos o esboço da função f(x) para
> ### escolhemos os intervalos que contêm as raízes
> ###
>
plot(f(x), x=-2 ..8, axes = normal, axis = [gridlines = [14, color
    = gray]], labels = ["x", "f(x)"], labeldirections = ["horizontal",
    "vertical"])

> ###   No gráfico acima vemos que existe apenas uma raiz real
> ###   e as demais, são complexas
> ###   Para encontrarmos a raiz real, procedemos
> ###   analogamente ao realizado no exercicio anterior
>
```

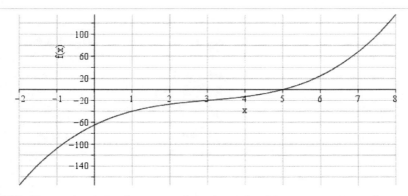

Buscamos inicialmente o chute inicial, x01, para a raiz real procurada.
> ####################################
> ### $0 < x01 < 7$
> ####################################
> $x01 := \dfrac{(0+7)}{2}$

$$x01 := \dfrac{7}{2}$$

> ####################################
> ###
> ### Segunda Etapa
> ###
> ####################################
> ###
> ### Passo 1
> ###
> ### Escrever a função f(θ)
> ###
> ### Substituir $x := θ+U$ em $f(x)$
> ###
> ftheta $:= f(\text{theta} + U)$

$$ftheta := (θ + U)^3 - 9(θ + U)^2 + 33\,θ + 33\,U - 65$$

> expand(ftheta)

$$U^3 + 3\,U^2\,θ + 3\,U\,θ^2 + θ^3 - 9\,U^2 - 18\,θ\,U - 9\,θ^2 + 33\,U + 33\,θ - 65$$

> ###

> ### *Passo 2*
> ###
> ### *Escrever função aproximada em θ*
> ### *desprezando-se os termos de θ de ordem*
> ### *igual ou superior a dois*
> ###
>

faprextheta $:= U^3 + 3\, U^2\, \theta - 9\, U^2 - 18\, \theta\, U + 33\, U + 33\, \theta - 65$:
> ###
> ### *Podemos escrever em faproxtheta um termo linear, a,*
> ### *e um termo constante, b.*
> ###
> $a := 3\, U^2 - 18\, U + 33$:
> $b := U^3 - 9\, U^2 + 33\, U - 65$:
> $a := \text{'}a\text{'}: b := \text{'}b\text{'}:$
> ###
> ### *De modo que, de maneira mais simples,*
> ### *podemos escrever: faproxtheta=aθ+b*
> ###
> *faproxtheta* $:= \text{theta} \rightarrow a \cdot \text{theta} + b$:
> ###
> ### *Passo 3*
> ###
> ### *Resolver a equação faproxtheta = 0, obtendo a raiz xaprox:*
> ###
> $\text{theta} := -\dfrac{b}{a}$:
> ###
> ### *Conhecendo-se theta, podemos encontrar x:*
> ###
> $x := \text{theta} + U$

$$x := -\frac{b}{a} + U$$

> ### *Ou, alternativamente,*
> ###
> $x := -\dfrac{b}{a} + U$:
> ###
> ### *De onde podemos escrever a raiz aproximada:*

```
> ###
> ###################################
> xaproxx := x0 → (a(x0) U(x0) − b(x0))/(a(x0)) :
> ###################################
> ###
> ### Com:
> ###
> x := 'x':
> a := x → 3 U(x)² − 18 U(x) + 33 :
> b := x → U(x)³ − 9 U(x)² + 33 U(x) − 65 :
> U := x → m(x)/j :
> m := x → round(j·x) :
> j := 1000000000000 :
> ###################################
> ###
> ### Agora podemos, finalmente, encontrar as tres a raiz real x01
> ###
> ###################################
> ###
> ### Primeira raiz real
> ###
> evalf(x01)
```
$$3.500000000$$
```
> x11 := xaproxx(x01)
```
$$x11 := 6$$
```
> h := solve(f(x) = 0, x)
```
$$h := 5, 2 − 3\,I, 2 + 3\,I$$
```
> xN := h[1]
```
$$xN := 5$$
```
>
Errorelativo := abs(((xN − x11)/xN)·100);   ## Em porcentagem (%)
```
$$Errorelativo := 20$$
```
> ###################################
> ###
```

> ### Terceira Etapa
> ###
> ################################
> ###
> ### Repetir o processo da Segunda Etapa para
> ### obtermos as uma raiz de precisão aumentada
> ###
> x11

$$6$$

> x21 := xaproxx(x11) : evalf(x21)

$$5.242424242$$

> xN := h[1]

$$xN := 5$$

> Errorelativo := abs$\left(\dfrac{(xN - x21)}{xN} \cdot 100\right)$: evalf(Errorelativo)

$$4.848484848$$

> ################################
> ### Se quisermos, podemos aumentar a precisão mais uma vez
> ###
> evalf(x21)

$$5.242424242$$

> x31 := xaproxx(x21) : evalf(x31)

$$5.018074658$$

> xN := h[1]

$$xN := 5$$

> Errorelativo := abs$\left(\dfrac{(xN - x31)}{xN} \cdot 100\right)$: evalf(Errorelativo)

$$0.3614931653$$

Problema 15

Encontre as raízes imaginárias da equação polinomial de terceiro grau, dada por:
$$x^3 - 9x^2 + 33x - 65 = 0,$$
usando o Método Analítico Matemático Aproximado Simplificado (SAAMM), e compare o resultado obtido com a

função aproximada para a raiz com um resultado de referência.
Calcule também o erro relativo da aproximação.

> ###############################
> restart
> ###############################
> ###
> ### Encontrar as raízes complexas da função
> ###
> $f := x \rightarrow x^3 - 9x^2 + 33x - 65$:
> ###
> ###############################
> ###
> ### Analogamente a Primeira Etapa anterior
> ###
> ###############################
> ###
> ### Encontrar o chute inicial, z0
> ###
Nesta etapa é necessário fazemos o esboço da função complexa para
> ###
> ### $f2(z) = \text{Re}(f2(z)) + I \cdot \text{Im}(f2(z))$
> ###
> ### para escolhemos os intervalos que contêm as raízes
> ###
> ### como apresentamos a seguir:
> ###
> ### Primeiramente escrevemos
> $f2 := z \rightarrow f(z)$:
> $f2(z)$

$$z^3 - 9z^2 + 33z - 65$$

> $z := x + I \cdot y$:
> $\text{expand}(f2(z))$

$$x^3 + 3Ix^2y - 3xy^2 - Iy^3 - 9x^2 - 18Ixy + 9y^2 + 33x + 33Iy - 65$$

> ### Encontramos a parte real e a parte imaginária da funçao
> assume(x, real)
> assume(y, real)
> f2Real := expand(Re(f2(z)))

$$f2Real := x\sim^3 - 3\,x\sim y\sim^2 - 9\,x\sim^2 + 9\,y\sim^2 + 33\,x\sim - 65$$

> f2Real := $(x, y) \rightarrow x^3 - 3xy^2 - 9x^2 + 9y^2 + 33x - 65$:
> f2Imag := expand(Im(f2(z)))

$$f2Imag := 3\,x\sim^2 y\sim - y\sim^3 - 18\,x\sim y\sim + 33\,y\sim$$

> f2Imag := $(x, y) \rightarrow 3x^2 y - y^3 - 18xy + 33y$:
> y := 'y': x := 'x':
> ####################################
> ### Para encontrarmos as raízes de f(z) = 0
> ### Podemos considerar
> ### f2Imag(x, y) = 0 e encontrarmos o x em função de y
> ###
> ### De onde encontramos duas raizes, xx2 e xx3
> ###
> h1 := solve(f2Imag(x, y) = 0, x)

$$h1 := 3 + \frac{\sqrt{3y^2 - 18}}{3},\ 3 - \frac{\sqrt{3y^2 - 18}}{3}$$

> xx2 := h1[1]

$$xx2 := 3 + \frac{\sqrt{3y^2 - 18}}{3}$$

> xx2 := $y \rightarrow 3 + \frac{\sqrt{3y^2 - 18}}{3}$:
> xx3 := h1[2]

$$xx3 := 3 - \frac{\sqrt{3y^2 - 18}}{3}$$

> xx3 := $y \rightarrow 3 - \frac{\sqrt{3y^2 - 18}}{3}$:
> ####################################
> ### Se plotarmos
> ###
> fy := expand(f2Real(xx3(y), y))

$$fy := -20 - \frac{4\sqrt{3y^2 - 18}}{3} + \frac{8\sqrt{3y^2 - 18}\, y^2}{9}$$

> $fy := y \rightarrow -20 - \frac{4\sqrt{3y^2 - 18}}{3} + \frac{8\sqrt{3y^2 - 18}\, y^2}{9}$:

$plot(fy(y), y = -4..4, axis = [gridlines = [14, color = gray]], labels = ["y", "fy"], labeldirections = ["horizontal", "vertical"], tickmarks = [11, 4])$

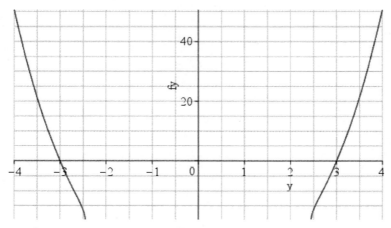

> ### Podemos perceber que a função possui duas raizes para y
> ###
> ###   Neste ponto, procedemos analogamente ao
> ###   realizado na Primeira Etapa para encontrar raizes
> ###   reais, para obter o chute inicial para y
> ###
> ###   Começamos com os chutes iniciais
> ###
> ####################################
> ### -4 < y02 < -1
> ###   1 < y03 < 4
> ####################################
> $y02 := \frac{(-4 - 1)}{2}$: $evalf(y02)$
$$-2.500000000$$
> $y03 := \frac{(1 + 4)}{2}$: $evalf(y03)$
$$2.500000000$$

> ####################################
> ###
> ### SEGUNDA ETAPA - Primeira raiz complexa
> ###
> ###############################
> ###
> ### Passo 1
> ###
> ### Escrever a função fy(θ)
> ###
> ### Substituir y := θ+U   em fy
> ###
> theta := 'theta':
> fytheta := fy(theta + U)

$$fytheta := -20 - \frac{4\sqrt{3(\theta+U)^2 - 18}}{3}$$
$$+ \frac{8\sqrt{3(\theta+U)^2 - 18}\,(\theta+U)^2}{9}$$

> expand(fytheta)

$$-20 - \frac{4\sqrt{3U^2 + 6\theta U + 3\theta^2 - 18}}{3}$$
$$+ \frac{8\sqrt{3U^2 + 6\theta U + 3\theta^2 - 18}\,U^2}{9}$$
$$+ \frac{16\sqrt{3U^2 + 6\theta U + 3\theta^2 - 18}\,\theta U}{9}$$
$$+ \frac{8\sqrt{3U^2 + 6\theta U + 3\theta^2 - 18}\,\theta^2}{9}$$

> ###
> ### Passo 2
> ###
> ### Escrever função aproximada em θ
> ### desprezando-se os termos de θ de ordem
> ### igual ou superior a dois
> ###

> $faproxtheta := -20 - \dfrac{4\sqrt{3U^2 + 6\theta U - 18}}{3}$

  $+ \dfrac{8\sqrt{3U^2 + 6\theta U - 18}\, U^2}{9}$

  $+ \dfrac{16\sqrt{3U^2 + 6\theta U - 18}\, \theta U}{9}:$

> $solve(faprox theta = 0, \{theta\})$
$$\left\{\theta = -\dfrac{U^2 - 9}{2U}\right\}$$

> $theta := -\dfrac{U^2 - 9}{2U}:$
> \###
> \### Conhecendo-se theta, podemos encontrar x:
> \###
> $y := theta + U$
$$y := -\dfrac{U^2 - 9}{2U} + U$$

>
> \#################################
> $yaproxy := y0 \to -\dfrac{U(y0)^2 - 9}{2\, U(y0)} + U(y0):$
> \#################################
> \###
> \### Com:
> \###
> $y := 'y':$
> $U := y \to \dfrac{m(y)}{j}:$
> $m := y \to \text{round}(j \cdot y):$
> $j := 1000000000000:$
> \#################################
> $evalf(y02)$
$$-2.500000000$$
> $y12 := yaproxy(y02) : evalf(y12)$
$$-3.050000000$$

> $h := solve(f(x) = 0, x)$
$$h := 5, 2 - 3\,I, 2 + 3\,I$$
> $yN := \text{Im}(h[2])$
$$yN := -3$$
>

$Errorelativo := \text{abs}\left(\dfrac{(yN - y12)}{yN} \cdot 100\right) : evalf(Errorelativo);$
   ## Em porcentagem (%)
$$1.666666667$$
> ################################
> $evalf(y03)$
$$2.500000000$$
> $y13 := yaproxy(y03) : evalf(y13)$
$$3.050000000$$
> $h := solve(f(x) = 0, x)$
$$h := 5, 2 - 3\,I, 2 + 3\,I$$
> $yN := \text{Im}(h[3])$
$$yN := 3$$
>

$Errorelativo := \text{abs}\left(\dfrac{(yN - y13)}{yN} \cdot 100\right) : evalf(Errorelativo);$
   ## Em porcentagem (%)
$$1.666666667$$
> ################################
> ###
> ### Terceira Etapa
> ###
> ################################
> ###
> ### Repetir o processo da Segunda Etapa para
> ### obtermos as uma raiz de precisão aumentada
> ###
> $evalf(y12)$
$$-3.050000000$$
> $y22 := yaproxy(y12) : evalf(y22)$
$$-3.000409836$$

```
> yN := Im(h[2])
                        yN := −3
> Errorelativo := abs( (yN − y22)/yN · 100 ) : evalf(Errorelativo)
                        0.01366120219
> ##################################
> ###
> evalf(y13)
                        3.050000000
> y23 := yaproxy(y13) : evalf(y23)
                        3.000409836
> yN := Im(h[3])
                        yN := 3
> Errorelativo := abs( (yN − y23)/yN · 100 ) : evalf(Errorelativo)
                        0.01366120219
> ##################################
> ###
> ###   Conhecendo-se o valor de y, podemos voltar e calcular x
> ##################################
> x22 := xx3(y22) : evalf(x22)
                        1.999590220
> x23 := xx3(y23) : evalf(x23)
                        1.999590220
> ## Dessa forma as duas raizes complexas são: z = x + Iy
> z22 := x22 + y22·I : evalf(z22)
                        1.999590220 − 3.000409836 I
> z23 := x23 + y23·I : evalf(z23)
                        1.999590220 + 3.000409836 I
> ##################################
```

    Os exemplos dados de aplicação do SAAMM para resolver equações polinomiais de terceiro grau visam capacitar o leitor a expandir essas ideias e aplicar o método em polinômios de qualquer ordem. Com base no entendimento adquirido nos exemplos anteriores, o leitor será capaz de utilizar as mesmas ideias e técnicas para resolver polinômios de ordem superior.

Problema 16

> Encontre as raízes reais da equação polinomial de quarto grau, dada por:
> $$3x^4 - 15x^3 - 13x^2 - 37x + 42 = 0,$$
> usando o Método Analítico Matemático Aproximado Simplificado (SAAMM), e compare o resultado obtido com a função aproximada para a raiz com um resultado de referência. Calcule também o erro relativo da aproximação.

```
>  ##############################
>  restart
>  ##############################
>  ### Calculando as raizes reais
>  f := x → 3·x⁴ − 15·x³ − 13·x² − 37·x + 42 :
>  ##############################
>  ###
>  ### Primeira Etapa
>  ###
>  ##############################
>  ###
>  ### Encontrar o chute inicial, x0
>  ###
>  ### Nesta etapa é necessário fazemos o esboço da função f(x) para
>  ### escolhemos os intervalos que contêm as raízes
>  ###
>
  plot(f(x), x = −3 ..7, axes = normal, axis = [gridlines = [10, color = gray]], labels
     = ["x", "y"], labeldirections = ["horizontal", "vertical"], labelfont = ["TIMES",
     14], tickmarks = [5, 10], font = ["TIMES", 13], color = [blue, black])
```

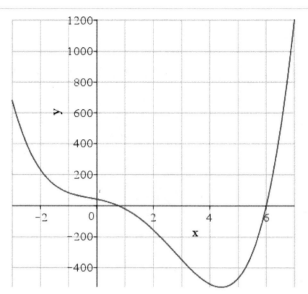

> ### No gráfico acima vemos que existem duas raizes reais
> ### e as demais, são complexas
> ### Para encontrarmos as raizes reais procedemos
> ### analogamente ao realizado no exercicio anterior
>
Buscamos inicialmente o chute inicial, x01 e x02, para a raiz real procurada
> ################################
> ### 0 < x01 < 3
> ### 3 < x01 < 7
> ################################
> $x01 := \frac{(0 + 2)}{2}$

$$x01 := 1$$

> $x02 := \frac{(3 + 7)}{2}$

$$x02 := 5$$

> ################################
> ###
> ### Segunda Etapa
> ###
> ################################
> ###
> ### Passo 1

> ###
> ### *Escrever a função f(θ)*
> ###
> ### *Substituir x:=θ+U em f(x)*
> ###
> ftheta := f(theta + U)

$$ftheta := 3\,(\theta + U)^4 - 15\,(\theta + U)^3 - 13\,(\theta + U)^2 - 37\,\theta - 37\,U + 42$$

> expand(ftheta)

$$3\,U^4 + 12\,U^3\theta + 18\,U^2\theta^2 + 12\,U\theta^3 + 3\,\theta^4 - 15\,U^3 - 45\,U^2\theta - 45\,U\theta^2 - 15\,\theta^3 - 13\,U^2 - 26\,\theta U - 13\,\theta^2 - 37\,U - 37\,\theta + 42$$

> ###
> ### *Passo 2*
> ###
> ### *Escrever função aproximada em θ*
> ### *desprezando-se os termos de θ de ordem*
> ### *igual ou superior a dois*
> ###
>

$$faproxtheta := 12\,\theta U^3 + 3\,U^4 - 45\,\theta U^2 - 15\,U^3 - 26\,\theta U - 13\,U^2 - 37\,\theta - 37\,U + 42 :$$

> ###
> ### *Podemos escrever em faproxtheta um termo linear, a,*
> ### *e um termo constante, b.*
> ###
>

$$a := \mathrm{expand}\!\left(\frac{(12\,\theta U^3 - 45\,\theta U^2 - 26\,\theta U - 37\,\theta)}{theta}\right) : a := 12\,U^3 - 45\,U^2 - 26\,U - 37$$

$$a := 12\,U^3 - 45\,U^2 - 26\,U - 37$$

> $b := 3\,U^4 - 15\,U^3 - 13\,U^2 - 37\,U + 42 :$
> $a := 'a' : b := 'b' :$
> ###
> ### *De modo que, de maneira mais simples,*
> ### *podemos escrever: faproxtheta=aθ+b*
> ###
> $faproxtheta := \mathrm{theta} \to a \cdot \mathrm{theta} + b :$

> ###
> ### Passo 3
> ###
> ### Resolver a equação faproxtheta = 0, obtendo a raiz xaprox:
> ###
> theta $:= -\dfrac{b}{a}$:
> ###
> ### Conhecendo-se theta, podemos encontrar x:
> ###
> x := theta + U

$$x := -\dfrac{b}{a} + U$$

> ### Ou, alternativamente,
> ###
> x := $factor\left(-\dfrac{b}{a} + U\right)$

$$x := \dfrac{U\,a - b}{a}$$

> ###
> ### De onde podemos escrever a raiz aproximada:
> ###
> ####################################
> xaproxx := $x0 \rightarrow \dfrac{a(x0)\ U(x0) - b(x0)}{a(x0)}$:
> ####################################
> ###
> ### Com:
> ###
> x := 'x':
> a := $x \rightarrow 12\ U(x)^3 - 45\ U(x)^2 - 26\ U(x) - 37$:
> b := $x \rightarrow 3\ U(x)^4 - 15\ U(x)^3 - 13\ U(x)^2 - 37\ U(x) + 42$

$$b := x \mapsto 3 \cdot U(x)^4 - 15 \cdot U(x)^3 - 13 \cdot U(x)^2 - 37 \cdot U(x) + 42$$

> U := $x \rightarrow \dfrac{m(x)}{j}$:
> m := $x \rightarrow \text{round}(j \cdot x)$:
> j := 1000000000000 :
> ####################################

> ###
> ### *Agora podemos, finalmente, encontrar as duas raizes reais*
> ###
> ####################################
> ###
> ### *Primeira raiz real*
> ###
> *evalf(x01)*
$$1.$$

> *x11 := xaproxx(x01) : evalf(x01)*
$$1.$$

> *h := solve(f(x) = 0, x) : evalf(h)*
6., 0.7701137247, −0.8850568623 + 1.498842850 I, −0.8850568623 − 1.498842850

> *xN := h[2] : evalf(xN)*
$$0.7701137247$$

>
Errorelativo := $\text{abs}\left(\dfrac{(xN - x11)}{xN} \cdot 100\right)$: evalf(Errorelativo) ## Em porcentagem (%)
$$2.798670029$$

> ####################################
> ###
> ### *Segunda raiz real*
> ###
> *evalf(x02)*
$$5.$$

> *x12 := xaproxx(x02) : evalf(x12)*
$$7.250000000$$

> *h := solve(f(x) = 0, x) : evalf(h)*
6., 0.7701137247, −0.8850568623 + 1.498842850 I, −0.8850568623 − 1.498842850

> *xN := h[1]*
$$xN := 6$$

>
Errorelativo := $\text{abs}\left(\dfrac{(xN - x12)}{xN} \cdot 100\right)$: evalf(Errorelativo) ## Em porcentagem (%)
$$20.83333333$$

> ####################################

> ###
> ###   Terceira Etapa
> ###
> ###############################
> ###
> ###
> ### Primeira raiz real
> ###
> evalf(x11)
$$0.7916666667$$

> x21 := xaproxx(x11) : evalf(x21)
$$0.7703303223$$

> h := solve(f(x) = 0, x) : evalf(h)
6., 0.7701137247, −0.8850568623 + 1.498842850 I, −0.8850568623 − 1.49884285(

> xN := h[2] : evalf(xN)
$$0.7701137247$$

>

Errorelativo := abs$\left(\frac{(xN - x21)}{xN} \cdot 100\right)$: evalf(Errorelativo)   ## Em porcentagem (%
$$0.02812545642$$

> #################################
> ###
> ### Segunda raiz real
> ###
> evalf(x12)
$$7.250000000$$

> x22 := xaproxx(x12) : evalf(x22)
$$6.411145314$$

> h := solve(f(x) = 0, x) : evalf(h)
6., 0.7701137247, −0.8850568623 + 1.498842850 I, −0.8850568623 − 1.49884285(

> xN := h[1]
$$xN := 6$$

>

Errorelativo := abs$\left(\frac{(xN - x22)}{xN} \cdot 100\right)$: evalf(Errorelativo)   ## Em porcentagem (%
$$6.852421906$$

Problema 17

> Encontre as raízes complexas da equação polinomial de quarto grau, dada por:
> $$3x^4 - 15x^3 - 13x^2 - 37x + 42 = 0,$$
> usando o Método Analítico Matemático Aproximado Simplificado (SAAMM), e compare o resultado obtido com a função aproximada para a raiz com um resultado de referência. Calcule também o erro relativo da aproximação.

Problema 18

> Encontre as raízes da equação polinomial de sexto grau, dada por:
> $$x^6 - 9x^5 - 128x^4 + 582x^3 + 5401x^2 + 291x - 24570 = 0,$$
> usando o Método Analítico Matemático Aproximado Simplificado (SAAMM), e compare o resultado obtido com a função aproximada para a raiz com um resultado de referência. Calcule também o erro relativo da aproximação.

```
> ##############################
> restart
> ##############################
> ### Calculando as raizes reais
> f := x → x^6 - 9x^5 - 128x^4 + 582x^3 + 5401x^2 + 291x - 24570 :
> ##############################
> ###
> ### Primeira Etapa
> ###
> ##############################
> ###
> ### Encontrar o chute inicial, x0
> ###
> ### Nesta etapa é necessário fazemos o esboço da função f(x) para
> ### escolhemos os intervalos que contêm as raízes
> ###
>
```

> $plot(f(x), x = -10 ..14, axes = normal, axis = [gridlines = [10, color = gray]], labels = ["x", "y(x)"], labeldirections = ["horizontal", "vertical"], labelfont = ["TIMES", 14], tickmarks = [5, 10], font = ["TIMES", 13], color = [blue, black], view = [-10 ..14, -180000 ..200000])$

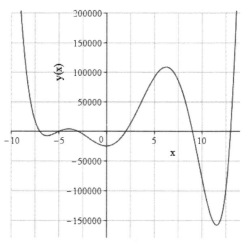

> ### No gráfico acima vemos que existem seis raizes reais
> ### Para encontrarmos as raizes reais procedemos
> ### analogamente ao realizado nos exercicios anteriores
> ###
> ####################################
> ### Escolha dos intervalos a partir da
> ### analise no grafico
> ### Intervalo 1:
> $x1min := -7.5 : x1max := -6 :$
> ### Intervalo 2:
> $x2min := -6.5 : x2max := -4.75 :$
> ### Intervalo 3:
> $x3min := -4 : x3max := -2.5 :$
> ### Intervalo 4:
> $x4min := 0 : x4max := 2.5 :$
> ### Intervalo 5:
> $x5min := 7.5 : x5max := 10 :$
> ### Intervalo 6:
> $x6min := 12.5 : x6max := 14 :$
> ####################################
> $x01 := \dfrac{(x1min + x1max)}{2}$

$$x01 := -6.750000000$$

> $x02 := \dfrac{(x2min + x2max)}{2}$

$$x02 := -5.625000000$$

> $x03 := \dfrac{(x3min + x3max)}{2}$

$$x03 := -3.250000000$$

> $x04 := \dfrac{(x4min + x4max)}{2}$

$$x04 := 1.250000000$$

> $x05 := \dfrac{(x5min + x5max)}{2}$

$$x05 := 8.750000000$$

> $x06 := \dfrac{(x6min + x6max)}{2}$

$$x06 := 13.25000000$$

> ####################################
> ###
> ### *Segunda Etapa*
> ###
> ####################################
> ###
> ### *Passo 1*
> ###
> ### *Escrever a função f(θ)*
> ###
> ### *Substituir x:=θ+U em f(x)*
> ###
> $ftheta := f(\text{theta} + U)$

$ftheta := (\theta + U)^6 - 9(\theta + U)^5 - 128(\theta + U)^4 + 582(\theta + U)^3 + 5401(\theta + U)^2$
$\quad + 291\,\theta + 291\,U - 24570$

> *expand*(*ftheta*)

$U^6 + 6\,U^5\,\theta + 15\,U^4\,\theta^2 + 20\,U^3\,\theta^3 + 15\,U^2\,\theta^4 + 6\,U\,\theta^5 + \theta^6 - 9\,U^5 - 45\,U^4\,\theta - 90\,U^3\,\theta^2$
$\quad - 90\,U^2\,\theta^3 - 45\,U\,\theta^4 - 9\,\theta^5 - 128\,U^4 - 512\,U^3\,\theta - 768\,U^2\,\theta^2 - 512\,U\,\theta^3 - 128\,\theta^4$
$\quad + 582\,U^3 + 1746\,U^2\,\theta + 1746\,U\,\theta^2 + 582\,\theta^3 + 5401\,U^2 + 10802\,\theta\,U + 5401\,\theta^2 + 291\,U$
$\quad + 291\,\theta - 24570$

> ###
> ### *Passo 2*
> ###
> ### *Escrever função aproximada em θ*
> ### *desprezando-se os termos de θ de ordem*
> ### *igual ou superior a dois*
> ###
>

faprextheta := $U^6 + 6U^5 θ - 9U^5 - 45U^4 θ - 128U^4 - 512U^3 θ + 582U^3 + 1746U^2 θ$
$+ 5401U^2 + 10802 θ U + 291 U + 291 θ - 24570$:

> ###
> *solve*(*faproxtheta* = 0, theta)

$$-\frac{U^6 - 9U^5 - 128U^4 + 582U^3 + 5401U^2 + 291U - 24570}{6U^5 - 45U^4 - 512U^3 + 1746U^2 + 10802U + 291}$$

> ###
> ### *Podemos escrever em faproxtheta um termo linear, a,*
> ### *e um termo constante, b.*
> ###
> *a* := $6U^5 - 45U^4 - 512U^3 + 1746U^2 + 10802U + 291$:
> *b* := $(U^6 - 9U^5 - 128U^4 + 582U^3 + 5401U^2 + 291U - 24570)$:
> *a* :='a': *b* :='b':
> ###
> ### *De modo que, de maneira mais simples,*
> ### *podemos escrever: faproxtheta=aθ+b*
> ###
> *faproxtheta* := theta→*a*·theta + *b* :
> ###
> ### *Passo 3*
> ###
> ### *Resolver a equação faproxtheta = 0, obtendo a raiz xaprox:*
> ###
> theta := $-\dfrac{b}{a}$:
> ###
> ### *Conhecendo-se theta, podemos encontrar x:*
> ###
> *x* := theta + *U*

$$x := -\frac{b}{a} + U$$

> ### *Ou, alternativamente,*
> ###
> $x := factor\left(-\dfrac{b}{a} + U\right)$

$$x := \dfrac{Ua - b}{a}$$

> ###
> ### *De onde podemos escrever a raiz aproximada:*
> ###
> ####################################
> $xaproxx := x0 \rightarrow \dfrac{a(x0)\ U(x0) - b(x0)}{a(x0)}$:
> ####################################
> ###
> ### *Com:*
> ###
> $x := 'x'$:
>
$a := x \rightarrow 6\,U(x)^5 - 45\,U(x)^4 - 512\,U(x)^3 + 1746\,U(x)^2 + 10802\,U(x) + 291$:
>
$b := x \rightarrow U(x)^6 - 9\,U(x)^5 - 128\,U(x)^4 + 582\,U(x)^3 + 5401\,U(x)^2 + 291\,U(x) - 24570$:
> $U := x \rightarrow \dfrac{m(x)}{j}$:
> $m := x \rightarrow \text{round}(j \cdot x)$:
> $j := 1000000000000$:
> ################################
> ###
> ### *Agora podemos, finalmente, encontrar as seis raízes reais*
> ###
> ################################
> ###
> ### *Primeira raiz real*
> ###
> $evalf(x01)$
$$-6.750000000$$
> $x11 := xaproxx(x01) : evalf(x11)$
$$-7.090890411$$
> $h := solve(f(x) = 0, x) : evalf(h)$
$$2., 9., -7., -5., 13., -3.$$

> $xN := h[3] : evalf(xN)$
$$-7.$$

>
$Errorelativo := \text{abs}\left(\frac{(xN - x11)}{xN} \cdot 100\right) : evalf(Errorelativo)$ ## *Em porcentagem (%)*
$$1.298434442$$

> ################################
> ###
> ### Segunda raiz real
> ###
> $evalf(x02)$
$$-5.625000000$$

> $x12 := xaproxx(x02) : evalf(x12)$
$$-4.961383553$$

> $h := solve(f(x) = 0, x) : evalf(h)$
$$2., 9., -7., -5., 13., -3.$$

> $xN := h[4]$
$$xN := -5$$

>
$Errorelativo := \text{abs}\left(\frac{(xN - x12)}{xN} \cdot 100\right) : evalf(Errorelativo)$ ## *Em porcentagem (%)*
$$0.7723289473$$

> ################################
> ###
> ### Terceira raiz real
> ###
> $evalf(x03)$
$$-3.250000000$$

> $x13 := xaproxx(x03) : evalf(x13)$
$$-2.963922156$$

> $h := solve(f(x) = 0, x) : evalf(h)$
$$2., 9., -7., -5., 13., -3.$$

> $xN := h[6]$
$$xN := -3$$

>
$Errorelativo := \text{abs}\left(\frac{(xN - x13)}{xN} \cdot 100\right) : evalf(Errorelativo)$ ## *Em porcentagem (%)*

$$1.202594810$$
> ################################
> ###
> ### *Quarta raiz real*
> ###
> *evalf*(*x04*)
$$1.250000000$$
> *x14* := *xaproxx*(*x04*) : *evalf*(*x14*)
$$2.219964341$$
> *h* := *solve*(*f*(*x*) = 0, *x*) : *evalf*(*h*)
$$2., 9., -7., -5., 13., -3.$$
> *xN* := *h*[1]
$$xN := 2$$
>

Errorelativo := abs$\left(\dfrac{(xN-x14)}{xN} \cdot 100\right)$: *evalf*(*Errorelativo*) ## *Em porcentagem (%)*
$$10.99821704$$
> ################################
> ###
> ### *Quinta raiz real*
> ###
> *evalf*(*x05*)
$$8.750000000$$
> *x15* := *xaproxx*(*x05*) : *evalf*(*x15*)
$$9.008677314$$
> *h* := *solve*(*f*(*x*) = 0, *x*) : *evalf*(*h*)
$$2., 9., -7., -5., 13., -3.$$
> *xN* := *h*[2]
$$xN := 9$$
>

Errorelativo := abs$\left(\dfrac{(xN-x15)}{xN} \cdot 100\right)$: *evalf*(*Errorelativo*) ## *Em porcentagem (%)*
$$0.09641460358$$
> ################################
> ###
> ### *Sexta raiz real*
> ###

> $evalf(x06)$
$$13.25000000$$
> $x16 := xaproxx(x06) : evalf(x16)$
$$13.02727783$$
> $h := solve(f(x) = 0, x) : evalf(h)$
$$2., 9., -7., -5., 13., -3.$$
> $xN := h[5]$
$$xN := 13$$
>
$Errorelativo := abs\left(\frac{(xN - x16)}{xN} \cdot 100\right) : evalf(Errorelativo)$ ## *Em porcentagem (%)*
$$0.2098294317$$
> ################################
> ###
> ### *Terceira Etapa - Precisão aumentada*
> ###
> ################################
> ###
> ### *Primeira raiz real*
> ###
> $evalf(x11)$
$$-7.090890411$$
> $x21 := xaproxx(x11) : evalf(x21)$
$$-7.007186636$$
> $h := solve(f(x) = 0, x) : evalf(h)$
$$2., 9., -7., -5., 13., -3.$$
> $xN := h[3] : evalf(xN)$
$$-7.$$
>
$Errorelativo := abs\left(\frac{(xN - x21)}{xN} \cdot 100\right) : evalf(Errorelativo)$ ## *Em porcentagem (%)*
$$0.1026662235$$
> ################################
> ###
> ### *Segunda raiz real*
> ###
> $evalf(x12)$

$$-4.961383553$$

> $x22 := xaproxx(x12) : evalf(x22)$
$$-5.000437760$$

> $h := solve(f(x) = 0, x) : evalf(h)$
$$2., 9., -7., -5., 13., -3.$$

> $xN := h[4]$
$$xN := -5$$

>

$Errorelativo := abs\left(\dfrac{(xN - x22)}{xN} \cdot 100\right) : evalf(Errorelativo)$ ## *Em porcentagem (%)*
$$0.008755209948$$

> ###################################
> ###
> ### Terceira raiz real
> ###
> $evalf(x13)$
$$-2.963922156$$

> $x23 := xaproxx(x13) : evalf(x23)$
$$-2.999497863$$

> $h := solve(f(x) = 0, x) : evalf(h)$
$$2., 9., -7., -5., 13., -3.$$

> $xN := h[6]$
$$xN := -3$$

>

$Errorelativo := abs\left(\dfrac{(xN - x23)}{xN} \cdot 100\right) : evalf(Errorelativo)$ ## *Em porcentagem (%)*
$$0.01673789226$$

> ###################################
> ###
> ### Quarta raiz real
> ###
> $evalf(x14)$
$$2.219964341$$

> $x24 := xaproxx(x14) : evalf(x24)$
$$2.009192768$$

> $h := solve(f(x) = 0, x) : evalf(h)$

$$2., 9., -7., -5., 13., -3.$$

> $xN := h[1]$

$$xN := 2$$

>

$Errorelativo := \text{abs}\left(\frac{(xN - x24)}{xN} \cdot 100\right) : evalf(Errorelativo)$ ## *Em porcentagem (%)*

$$0.4596383881$$

> ##################################
> ###
> ### *Quinta raiz real*
> ###
> $evalf(x15)$

$$9.008677314$$

> $x25 := xaproxx(x15) : evalf(x25)$

$$9.000008219$$

> $h := solve(f(x) = 0, x) : evalf(h)$

$$2., 9., -7., -5., 13., -3.$$

> $xN := h[2]$

$$xN := 9$$

>

$Errorelativo := \text{abs}\left(\frac{(xN - x25)}{xN} \cdot 100\right) : evalf(Errorelativo)$ ## *Em porcentagem (%)*

$$0.00009132277586$$

> ##################################
> ###
> ### *Sexta raiz real*
> ###
> $evalf(x16)$

$$13.02727783$$

> $x26 := xaproxx(x16) : evalf(x26)$

$$13.00037195$$

> $h := solve(f(x) = 0, x) : evalf(h)$

$$2., 9., -7., -5., 13., -3.$$

> $xN := h[5]$

$$xN := 13$$

>

$$Errorelativo := \text{abs}\left(\frac{(xN - x26)}{xN} \cdot 100\right) : evalf(Errorelativo) \quad \#\# \; Em\; porcentagem\; (\%)$$
$$0.002861144621$$
> ####################################

O próximo capítulo introduzirá as ideias para resolver equações transcendentais com o SAAMM, fornecendo exemplos práticos e permitindo que o leitor aplique o método a uma variedade de problemas envolvendo equações transcendentais. As equações transcendentais envolvem funções como seno, cosseno, exponencial e logaritmo. Essas equações podem ser mais complexas e desafiantes de resolver analiticamente. Ao introduzir as ideias para resolver equações transcendentais com o SAAMM, serão fornecidos exemplos práticos que mostram passo a passo como aplicar o método nessas situações. Serão discutidas as considerações específicas, como uso das séries de Taylor das funções envolvidas. Esses exemplos permitirão ao leitor compreender como adaptar o SAAMM para lidar com equações transcendentais e obter soluções analíticas aproximadas simplificadas, para uma ampla variedade de aplicações em problemas em ciências e engenharia.

Capítulo 3 – Equações transcendentais com SAAMM

Neste capítulo, abordaremos como resolver equações transcendentais de forma analítica aproximada simplificada utilizando o SAAMM. Seguiremos a mesma estratégia apresentada no Capítulo 2, onde discutimos como obter soluções analíticas para equações polinomiais, no entanto, quando há a presença de funções transcendentais, utilizaremos as séries de Taylor dessas funções, juntamente com a Definição 1 do SAAMM. As séries de Taylor nos permitem aproximar uma função complicada por meio de um número finito de termos polinomiais. Ao utilizar as séries de Taylor das funções transcendentais que surgem na equação, poderemos obter uma expressão analítica aproximada que capture o comportamento essencial dessas funções em torno de um ponto específico, partindo de um chute inicial. Ao longo do capítulo, serão apresentados exemplos práticos que ilustram como aplicar o SAAMM para resolver equações transcendentais. Cada exemplo seguirá os passos descritos, mostrando o uso das séries de Taylor das funções envolvidas e a obtenção das soluções analíticas aproximadas simplificadas.

Problema 19

Encontre as raízes da equação transcendental, dada por:
$$2x - 7 = \sin(x),$$
usando o Método Analítico Matemático Aproximado Simplificado (SAAMM), e compare o resultado obtido com a função aproximada para a raiz com um resultado de referência. Calcule também o erro relativo da aproximação.

```
> ###############################
> restart
> ###############################
> ### Equação transcendental
> ###
>
fesq := x→2·x − 7 :   ### Funçao do lado esquerdo da equação transcendenta
```

>
fdir := *x*→sin(*x*) :   ### *Função do lado direito da equacao transcendental*
> ###
> *f* := *x*→*fesq*(*x*) − *fdir*(*x*) :
> ##############################
> ###
> ### *Primeira Etapa*
> ###
> ##############################
> ###
> ### *Plotar a função do lado esquerdo*
> ### *e a função do lado direito, ambas*
> ### *no mesmo gráfico,*
> ###
> ### *para encontrar o chute inicial, x0*
> ###
> ### *Nesta etapa é necessário fazemos o esboço da função f(x) para*
> ### *escolhemos os intervalos que contêm as raízes*
> ###
>

plot([fesq(x), fdir(x)], *x* =−2 ..8, *axes* = *normal*, *axis* = [*gridlines* = [14, *color* = *gray*]], *label*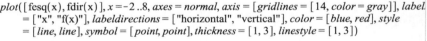
 = ["x", "f(x)"], *labeldirections* = ["horizontal", "vertical"], *color* = [*blue*, *red*], *style*
 = [*line*, *line*], *symbol* = [*point*, *point*], *thickness* = [1, 3], *linestyle* = [1, 3])

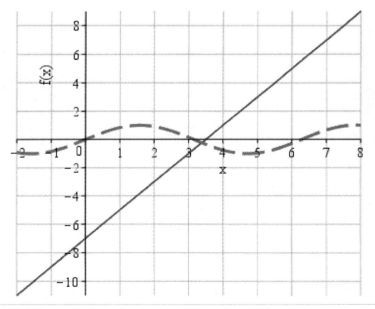

> ### *No gráfico acima vemos que existe apenas uma raiz real*
> ###
>
Buscamos inicialmente o chute inicial, x0, para a raiz real procurada.
> *################################*
> *### 3 < x0 < 4*
> *################################*
> $x0 := \dfrac{(3+4)}{2} : evalf(x0)$
$$3.500000000$$
> *################################*
> *### Busca do valor de referencia*
> *###*
> *### No Maplesoft podemos usar o seguinte procedimento:*
> *###*
> $fsolve(\{\sin(x) = 2 \cdot x - 7\}, \{x\})$
$$\{x = 3.381293824\}$$
> *###*
> $xN := 3.3813 :$ *### Valor de referencia*
> *################################*
> *###*
> *### Segunda Etapa*
> *###*
> *##############################*
> *###*
> *### Passo 1*
> *###*
> *### Escrever a função f(θ)*
> *###*
> *### Substituir x:=θ+U em f(x)*
> *###*
> $ftheta := f(\text{theta} + U)$
$$ftheta := 2\theta + 2U - 7 - \sin(\theta + U)$$
> *###*
> $ftheta := 2\theta + 2U - 7 - \sin(\theta + U)$
$$ftheta := 2\theta + 2U - 7 - \sin(\theta + U)$$
> *###*
> *### Neste ponto, vamos usar a expansão*
> *### em Série de Taylor da função* $\sin(\theta + U)$

> ###
> $taylor(\sin(\theta + U), \theta = 0, 5)$
$$\sin(U) + \cos(U)\,\theta - \frac{1}{2}\sin(U)\,\theta^2 - \frac{1}{6}\cos(U)\,\theta^3 + \frac{1}{24}\sin(U)\,\theta^4 + O(\theta^5)$$
> ###
> ### Passo 2
> ###
> ### Escrever função aproximada em θ
> ### desprezando-se os termos de θ de ordem
> ### igual ou superior a dois
> ###
> ### E, iremos substituir $\sin(\theta + U)$ por f2 em ftheta
> ###
> $f2 := \sin(U) + \cos(U)\,\theta :$
> ###
> $faproxtheta := 2\,\theta + 2\,U - 7 - f2$
$$faproxtheta := 2\,\theta + 2\,U - 7 - \sin(U) - \cos(U)\,\theta$$
> $faproxtheta := 2\,\theta + 2\,U - 7 - \sin(U) - \cos(U)\,\theta :$
> ###
> ### Podemos escrever em faproxtheta um termo linear em θ, a,
> ### e um termo constante, b.
> ###
> $a := 2 - \cos(U) :$
> $b := 2\,U - 7 - \sin(U) :$
> $a := 'a' : b := 'b' :$
> ###
> ### De modo que, de maneira mais simples,
> ### podemos escrever: faproxtheta=$a\theta$+b
> ###
> $faproxtheta := \text{theta} \rightarrow a \cdot \text{theta} + b :$
> ###
> ### Passo 3
> ###
> ### Resolver a equação faproxtheta = 0, obtendo a raiz xaprox:
> ###
> $\text{theta} := -\dfrac{b}{a} :$
> ###
> ### Conhecendo-se theta, podemos encontrar x:

> ###
> $x := theta + U$

$$x := -\frac{b}{a} + U$$

> ### *Ou, alternativamente,*
> ###
> $x := -\frac{b}{a} + U:$
> ###
> ### *De onde podemos escrever a raiz aproximada:*
> ###
> ####################################
> $xaproxx := x0 \to \frac{a(x0)\, U(x0) - b(x0)}{a(x0)}$:
> ####################################
> ###
> ### *Com:*
> ###
> $x := 'x':$
> $a := x \to 2(x) - \cos(U(x)) :$
> $b := x \to 2\, U(x) - 7 - \sin(U(x)) :$
> $U := x \to \frac{m(x)}{j}$:
> $m := x \to \text{round}(j \cdot x) :$
> $j := 1000000000000 :$
> ####################################
> ###
> ### *Agora podemos, finalmente, encontrar as tres a raiz real x01*
> ###
> ####################################
> ###
> ### *Primeira raiz real*
> ###
> $evalf(x0)$

$$3.500000000$$

> $x1 := xaproxx(x0) : evalf(x1)$

$$3.455801028$$

> $h := fsolve(f(x) = 0, x)$

$$h := 3.381293824$$

> $xN := h$
$$xN := 3.381293824$$

> $Errorelativo := abs\left(\dfrac{(xN-x1)}{xN} \cdot 100\right) : evalf(Errorelativo)$ ## Em porcentagem (%)
$$2.2035117$$

> ################################
> ###
> ###   Terceira Etapa
> ###
> #############################
> ###
> ### Repetir o processo da Segunda Etapa para
> ### obtermos as uma raiz de precisão aumentada
> ###
> $evalf(x1)$
$$3.455801028$$

> $x2 := xaproxx(x1) : evalf(x2)$
$$3.427735942$$

> $xN := h$
$$xN := 3.381293824$$

> $Errorelativo := abs\left(\dfrac{(xN-x2)}{xN} \cdot 100\right) : evalf(Errorelativo)$
$$1.3735014$$

> ################################
> ### Se quisermos, podemos aumentar a precisão mais uma vez
> ###
> $evalf(x2)$
$$3.427735942$$

> $x3 := xaproxx(x2) : evalf(x3)$
$$3.410112186$$

> $xN := h$
$$xN := 3.381293824$$

> $Errorelativo := abs\left(\dfrac{(xN-x3)}{xN} \cdot 100\right) : evalf(Errorelativo)$
$$0.8522880$$

> ################################

O resultado fornecido no problema anterior pode em muito ser melhorado se usarmos o termo quadrático em θ na Série de Taylor, e neste caso, não necessariamente, aumenta demasiadamente a complexidade do exercício, razão pela qual, em algumas situações, essa estratégia pode ser bastante interessante, quando aliada com SAAMM.

Problema 20

Encontre a raiz da equação transcendental dada por:
$$3x + 2 = 5\log(x) + 2x + 5,$$
usando o Método Analítico Matemático Aproximado Simplificado (SAAMM), e compare o resultado obtido com a função aproximada para a raiz com um resultado de referência. Calcule também o erro relativo da aproximação.

```
> ################################
> restart
> ################################
> ###  Equação transcendental
> ###
> fesq := x→3· x + 2 :

    ###  Funçao do lado esquerdo da equação transcendental
> fdir := x→5· log(x) + 2·x + 5 :

    ###  Função do lado direito da equacao transcendental
> ###
> f := x→fesq(x) − fdir(x) : f(x)
                    x − 3 − 5 ln(x)
> ################################
> ###
> ###  Primeira Etapa
> ###
> ################################
> ###
> ###  Plotar a função do lado esquerdo
> ###  e a função do lado direito, ambas
```

> ###   no mesmo gráfico,
> ###
> ### para encontrar o chute inicial, x0
> ###
> ### Nesta etapa é necessário fazemos o esboço da função f(x) para
> ### escolhemos os intervalos que contêm as raízes
> ###
>

plot([fesq(x), fdir(x)], *x* = -1 ..3, *axes* = *normal*, *axis* = [*gridlines* = [14, *color* = *gray*]], *labels* = ["x", "f(x)"], *labeldirections* = ["horizontal", "vertical"], *color* = [*blue*, *red*], *style* = [*line*, *line*], *symbol* = [*point*, *point*], *thickness* = [1, 3], *linestyle* = [1, 3])

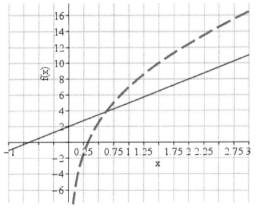

> ### No gráfico acima vemos que existe apenas uma raiz real
> ###
>

Buscamos inicialmente o chute inicial, x0, para a raiz real procurada.

> ################################
> ### 0 < x0 < 1
> ################################
> $x0 := \dfrac{(0.5 + 1)}{2} : evalf(x0)$

$$0.7500000000$$

> ################################
> ### Busca do valor de referencia
> ###

> `### No Maplesoft podemos usar o seguinte procedimento:`
> `###`
> `fsolve({f(x) = 0}, {x})`
$$\{x = 0.6214427771\}$$
> `###`
> `xN := 0.6214 :   ### Valor de referencia`
> `####################################`
> `###`
> `### Segunda Etapa`
> `###`
> `###############################`
> `###`
> `### Passo 1 -  Quando ha a presença de termos`
> `### transcendentais, primeiramente,`
> `### devemos substituir esses termos`
> `### pelas funções aproximadas`
> `### Essa ordem de execução é importante`
> `###`
> `### Considerar a função f(x)`
> `f(x)`
$$x - 3 - 5\ln(x)$$
> `f := x → x - 3 - 5 ln(x) :`
> `###`
> `### Substituir a função transcendental`
> `### pela função aproximada f2`
> `###`
> `faprox := x → x - 3 - 5·f2(x) :`
> `###`
> `### A funcao aproximada f2 pode ser obtida`
> `### pela expansão em Série de Taylor da funcao`
> `### até a ordem que se deseja trabalhar no problema`
> `###`
> `### ln(x)  => x = theta + U`
> `taylor(ln(θ + U), θ = 0, 5)`
$$\ln(U) + \frac{1}{U}\theta - \frac{1}{2}\frac{1}{U^2}\theta^2 + \frac{1}{3}\frac{1}{U^3}\theta^3 - \frac{1}{4}\frac{1}{U^4}\theta^4 + O(\theta^5)$$

> `f2 := ln(U) + \frac{1}{U}θ :`

> ### *fazendo*
> theta := x − U

$$\theta := x - U$$

> *f2*

$$\ln(U) + \frac{x-U}{U}$$

> *f2* := x→ln(U) + $\frac{x-U}{U}$:
> ### *No caso, vamos considerar*
> ###
> ### *ln(x) ~ n(U) + $\frac{x-U}{U}$*
> ###
> ### *Assim, ficamos com*
> *faprox*(x)

$$x - 3 - 5\ln(U) - \frac{5\,(x-U)}{U}$$

> *faprox* := x→x − 3 − 5 ln(U) − $\frac{5\,(x-U)}{U}$:
> ###############################
> ###
> ### *Passo 2* − *Resolver a função aproximada*
> ###
> solve(*faprox*(x) = 0, x)

$$\frac{(-2 + 5\ln(U))\,U}{U-5}$$

> *xaproxx* := x→$\frac{(-2 + 5\ln(U(x)))\,U(x)}{U(x)-5}$:
> U := x→$\frac{m(x)}{j}$:
> m := x→round(j·x) :
> j := 1000000000000 :
> ###############################
> ###
> ### *Passo 3*
> ###
> ### *Agora podemos, finalmente, encontrar a raiz*
> ###
> ###############################

> ###
> $evalf(x0)$
$$0.7500000000$$
> $x1 := xaproxx(x0) : evalf(x1)$
$$0.6067782993$$
> $h := fsolve(f(x) = 0, x)$
$$h := 0.6214427771$$
> $xN := h$
$$xN := 0.6214427771$$
>

$Errorelativo := \text{abs}\left(\frac{(xN - x1)}{xN} \cdot 100\right) : evalf(Errorelativo)$
   ## *Em porcentagem (%)*
$$2.35974707$$
> ####################################
> ###
> ###   Terceira Etapa
> ###
> ####################################
> ###
> ###   Repetir o processo da Segunda Etapa para
> ###   obtermos a raiz de precisão aumentada
> ###
> $evalf(x1)$
$$0.6067782993$$
> $x2 := xaproxx(x1) : evalf(x2)$
$$0.6212442900$$
> $xN := h$
$$xN := 0.6214427771$$
> $Errorelativo := \text{abs}\left(\frac{(xN - x2)}{xN} \cdot 100\right) : evalf(Errorelativo)$
$$0.03193971$$
> ####################################
> ###   Se quisermos, podemos aumentar a precisão mais uma vez
> ###
> $evalf(x2)$

> $x3 := xaproxx(x2) : evalf(x3)$
$$0.6212442900$$
$$0.6214427408$$

> $xN := h$
$$xN := 0.6214427771$$

> $Errorelativo := \text{abs}\left(\frac{(xN - x3)}{xN} \cdot 100\right) : evalf(Errorelativo)$
$$5.85\ 10^{-6}$$

> ####################################

Note que, ao considerar aproximações até a primeira ordem em θ, já é possível obter resultados muito satisfatórios. No entanto, é notável observar como a precisão pode ser significativamente aprimorada ao incorporar termos de ordem quadrática. Considere o Problema 21, a seguir.

Problema 21

Encontre as raízes da equação transcendental, dada por:
$$x^2 - 3 = \log(x),$$
usando o Método Analítico Matemático Aproximado Simplificado (SAAMM), e uma equação quadrática em x. Compare o resultado obtido com a função aproximada para a raiz com um resultado de referência. Calcule também o erro relativo da aproximação.

> ##############################
> restart
> ##############################
> ### Equação transcendental
> ###
> $fesq := x \rightarrow x^2 - 3 :$

Funçao do lado esquerdo da equação transcendental
> $fdir := x \rightarrow \log(x) :$

> ### *Função do lado direito da equacao transcendental*
> ###
> $f := x \to fesq(x) - fdir(x) : f(x)$
$$x^2 - 3 - \ln(x)$$
> ################################
> ###
> ### *Primeira Etapa*
> ###
> ################################
> ### *Plotar a função do lado esquerdo*
> ### *e a função do lado direito, ambas*
> ### *no mesmo gráfico,*
> ### *para encontrar o chute inicial, x0*
> ###
> ### *Nesta etapa é necessário fazemos o esboço da função f(x) para*
> ### *escolhemos os intervalos que contêm as raízes*
> ###

plot([fesq(x), fdir(x)], *x* = -1 ..3, *axes* = *normal*, *axis* = [*gridlines* = [14, *color* = *gray*]], *labels* = ["x", "f(x)"], *labeldirections* = ["horizontal", "vertical"], *color* = [*blue*, *red*], *style* = [*line*, *line*], *symbol* = [*point*, *point*], *thickness* = [1, 3], *linestyle* = [1, 3])

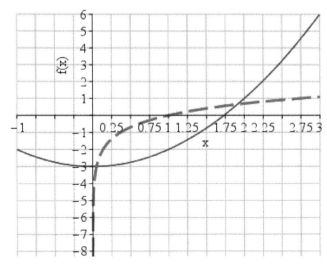

> ### *No gráfico acima vemos que existe duas raizes*

> ###
>

Buscamos inicialmente o chute inicial, x0, para a raiz real procurada.

> ################################
> ### $0 < x01 < 1$
> ### $1 < x02 < 2$
> ################################
>

$x01 := 0.1 : evalf(x01);$
    ### Pelo grafico sabemos que é bem perto de zero

$$0.1$$

> $x02 := \dfrac{(2+1)}{2} : evalf(x02)$

$$1.500000000$$

> ################################
> ### Busca do valor de referencia
> ###
> ### No Maplesoft podemos usar o seguinte procedimento:
> ### para encontrar o valor numérico desses resultados
> ###
> $h1 := fsolve(f(x) = 0, x, x = 0 .. 1)$

$$h1 := 0.04991124918$$

> $h2 := fsolve(f(x) = 0, x, x = 1 .. 10)$

$$h2 := 1.909697594$$

> ###
> $xN1 := h1;$ ### Valor de referencia

$$xN1 := 0.04991124918$$

> $xN2 := h2;$

$$xN2 := 1.909697594$$

> ################################
> ###
> ### Segunda Etapa
> ###
> ################################
> ###
> ### Passo 1 - Quando ha a presença de termos

> ### *transcendentais, primeiramente,*
> ### *devemos substituir esses termos*
> ### *pelas funções aproximadas*
> ### *Essa ordem de execução é importante*
> ###
> ### *Considerar a função f(x)*
> f(x)

$$x^2 - 3 - \ln(x)$$

> $f := x \to x^2 - 3 - \ln(x)$:
> ###
> ### *Substituir a função transcendental*
> ### *pela função aproximada f2*
> ###
> $faprox := x \to x^2 - 3 - f2(x)$:
> ###
> ### *A funcao aproximada f2 pode ser obtida*
> ### *pela expansão em Série de Taylor da funcao*
> ### *até a ordem que se deseja trabalhar no problema*
> ###
> ### *ln(x) => x = theta + U*
> $taylor(\ln(\theta + U), \theta = 0, 5)$

$$\ln(U) + \frac{1}{U}\theta - \frac{1}{2}\frac{1}{U^2}\theta^2 + \frac{1}{3}\frac{1}{U^3}\theta^3 - \frac{1}{4}\frac{1}{U^4}\theta^4 + O(\theta^5)$$

> $f2 := \ln(U) + \frac{1}{U}\theta - \frac{1}{2}\frac{1}{U^2}\theta^2$:
> ### *fazendo*
> $theta := x - U$

$$\theta := x - U$$

> f2

$$\ln(U) + \frac{x-U}{U} - \frac{(x-U)^2}{2 U^2}$$

> $f2 := x \to \ln(U) + \frac{x-U}{U} - \frac{(x-U)^2}{2 U^2}$:
> ### *No caso, vamos considerar*
> ###

> ### $\ln(x) \sim n(U) + \dfrac{x - U}{U}$
> ###
> ### Assim, ficamos com
> faprox(x)

$$x^2 - 3 - \ln(U) - \dfrac{x - U}{U} + \dfrac{(x - U)^2}{2\,U^2}$$

> faprox := $x \rightarrow x^2 - 3 - \ln(U) - \dfrac{x - U}{U} + \dfrac{(x - U)^2}{2\,U^2}$:

> ###############################
> ###
> ### Passo 2 — Resolver a função aproximada
> ###
> solve(faprox(x) = 0, x)

$$\dfrac{\left(2 + \sqrt{4\ln(U)\,U^2 + 6\,U^2 + 2\ln(U) + 7}\right) U}{2\,U^2 + 1},$$

$$-\dfrac{\left(-2 + \sqrt{4\ln(U)\,U^2 + 6\,U^2 + 2\ln(U) + 7}\right) U}{2\,U^2 + 1}$$

>
xaproxx1 := x
$\rightarrow \dfrac{1}{2\,U(x)^2 + 1}\Big(\big(2$
$+ \sqrt{4\ln(U(x))\,U(x)^2 + 6\,U(x)^2 + 2\ln(U(x)) + 7}\,\big)\,U(x)\Big)$:

>
xaproxx2 := x →
$-\dfrac{1}{2\,U(x)^2 + 1}\Big(\big(-2$
$+ \sqrt{4\ln(U(x))\,U(x)^2 + 6\,U(x)^2 + 2\ln(U(x)) + 7}\,\big)\,U(x)\Big)$:

> $U := x \rightarrow \dfrac{m(x)}{j}$:
> $m := x \rightarrow \mathrm{round}(j \cdot x)$:
> $j := 1000000000000$:
> ###############################
> ###
> ### Passo 3

> ###
> ### *Agora podemos, finalmente, encontrar a raiz*
> ###
> ####################################
> ###
> *evalf*(*x01*)

$$0.1$$

> *evalf*(*x02*)

$$1.500000000$$

> *x11* := *xaproxx1*(*x01*) : *evalf*(*x11*)

$$0.3467761043$$

> *x12* := *xaproxx1*(*x02*) : *evalf*(*x12*)

$$1.908002736$$

> *x13* := *xaproxx2*(*x01*) : *evalf*(*x13*)

$$0.0453807585$$

> *x14* := *xaproxx2*(*x02*) : *evalf*(*x14*)

$$-0.8170936445$$

>

$$Errorelativo := \text{abs}\left(\frac{(xN2 - x12)}{xN2} \cdot 100\right) : evalf(Errorelativo)$$
Em porcentagem (%)

$$0.08875012$$

>

$$Errorelativo := \text{abs}\left(\frac{(xN1 - x13)}{xN1} \cdot 100\right) : evalf(Errorelativo)$$
Em porcentagem (%)

$$9.0770934$$

> ####################################
> ###
> ### *Terceira Etapa*
> ###
> ###############################
> ### *Repetir o processo da Segunda Etapa para*
> ### *obtermos a raiz de precisão aumentada*
> *xN1*

$$0.04991124918$$

> $evalf(x13)$
$$0.0453807585$$
> $x22 := xaproxx2(x13) : evalf(x22)$
$$0.04992689177$$

$Errorelativo := abs\left(\dfrac{(xN1 - x13)}{xN1} \cdot 100\right) : evalf(Errorelativo)$
Em porcentagem (%)
$$9.0770934$$

> $xN2$
$$1.909697594$$
> $evalf(x12)$
$$1.908002736$$
> $x32 := xaproxx1(x12) : evalf(x32)$

$Errorelativo := abs\left(\dfrac{(xN2 - x32)}{xN2} \cdot 100\right) : evalf(Errorelativo)$
Em porcentagem (%)
$$1.\,10^{-8}$$

É importante observar que o SAAMM é um método aproximado, e a escolha do chute inicial, x_0, tem um impacto significativo na precisão das soluções obtidas. É essencial buscar uma estimativa inicial o mais precisa possível, pois isso influenciará diretamente na eficácia e rapidez da convergência do método para uma solução analítica aproximada aceitável. Quanto mais próximo o chute inicial estiver do valor de referência ou da solução exata do problema, melhor será o resultado alcançado pela aproximação analítica. No entanto, caso o chute inicial não esteja tão próximo da solução desejada, a aproximação inicial pode não ser tão precisa. Nesse cenário, pode ser necessário repetir a terceira etapa do método, de modo a melhorar a precisão da solução. Todavia, a cada repetição, a precisão aumenta consideravelmente. Outro ponto a se considerar, é optar por aproximações quadráticas nas Séries de Taylor.

Problema 22

> Encontre a raiz da equação transcendental, dada por:
> $$3x - 5 = \sqrt{x},$$
> usando o Método Analítico Matemático Aproximado Simplificado (SAAMM), e compare o resultado obtido com a função aproximada para a raiz com um resultado de referência. Calcule também o erro relativo da aproximação.

```
> ###############################
> restart
> ###############################
> ###  Equação transcendental
> ###
> fesq := x→3·x − 5 :

    ###  Funçao do lado esquerdo da equação transcendental
> fdir := x→ sqrt(x) :

    ###  Função do lado direito da equacao transcendental
> ###
> f := x→fesq(x) − fdir(x) : f(x)
                3 x − 5 − √x
> ###############################
> ###
> ###  Primeira Etapa
> ###
> ###############################
> ###  Plotar a função do lado esquerdo
> ###  e a função do lado direito, ambas
> ###  no mesmo gráfico,
> ###  para encontrar o chute inicial, x0
> ###
> ### Nesta etapa é necessário fazemos o esboço da função f(x) para
> ### escolhemos os intervalos que contêm as raízes
> ###
```

plot([fesq(x), fdir(x)], *x* = 0 ..5, *axes* = *normal, axis* = [*gridlines*
= [14, *color* = *gray*]], *labels* = ["x", "f(x)"], *labeldirections*
= ["horizontal", "vertical"], *color* = [*blue, red*], *style* = [*line,
line*], *symbol* = [*point, point*], *thickness* = [1, 3], *linestyle* = [1,
3], *view* = [0 ..5, - 5 ..6])

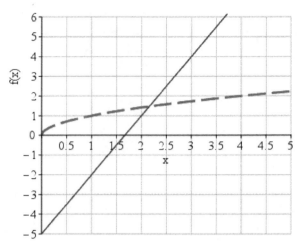

> ### *No gráfico acima vemos que existe uma raiz*
> ###
>

Buscamos inicialmente o chute inicial, x0, para a raiz real procurada.

> ################################
> ### $0 < x0 < 3$
> ################################
> $x0 := \frac{(0 + 3)}{2}$: *evalf*(x0)

$$1.500000000$$

> ################################
> ### *Busca do valor de referencia*
> ###
> ### *No Maplesoft podemos usar o seguinte procedimento:*
> ### *para encontrar o valor numérico desses resultados*
> ###
> $h := fsolve(f(x) = 0, x, x = 0 ..4)$

$$h := 2.156124982$$

> ###

> *xN := h;   ### Valor de referencia*
$$xN := 2.156124982$$
> *##################################*
> *###*
> *### Segunda Etapa*
> *###*
> *##############################*
> *###*
> *### Passo 1 - Quando ha a presença de termos*
> *### transcendentais, primeiramente,*
> *### devemos substituir esses termos*
> *### pelas funções aproximadas*
> *### Essa ordem de execução é importante*
> *###*
> *### Considerar a função $f(x)$*
> *$f(x)$*
$$3x - 5 - \sqrt{x}$$
> *$f := x \to 3x - 5 - \sqrt{x}$:*
> *###*
> *### Substituir a função transcendental*
> *### pela função aproximada f2*
> *###*
> *faprox := $x \to 3x - 5 - f2$:*
> *###*
> *### A funcao aproximada f2 pode ser obtida*
> *### pela expansão em Série de Taylor da funcao*
> *### até a ordem que se deseja trabalhar no problema*
> *###*
> *### sqrt(x) $\Rightarrow$ x = theta + U*
> *taylor$(\text{sqrt}(\theta + U), \theta = 0, 5)$*

$$\sqrt{U} + \frac{1}{2}\frac{1}{\sqrt{U}}\theta - \frac{1}{8}\frac{1}{U^{3/2}}\theta^2 + \frac{1}{16}\frac{1}{U^{5/2}}\theta^3$$
$$- \frac{5}{128}\frac{1}{U^{7/2}}\theta^4 + O(\theta^5)$$

> *### No caso, vamos considerar*
> *###*

> ### f2:= sqrt(x) ~ $\sqrt{U(x)} + \dfrac{x - U(x)}{2\sqrt{U(x)}}$

> $f2 := \sqrt{U} + \dfrac{1}{2}\dfrac{1}{\sqrt{U}}\,\theta :$

> ### fazendo
> theta := $x - U$:
> faprox(x)

$$3x - 5 - \sqrt{U} - \dfrac{x - U}{2\sqrt{U}}$$

> faprox := $x \to 3x - 5 - \sqrt{U} - \dfrac{x - U}{2\sqrt{U}}$:

> ###############################
> ###
> ### Passo 2 — Resolver a função aproximada
> ### para encontrar o valor de x aproximado
> ###
> solve(faprox(x) = 0, x)

$$\dfrac{U + 10\sqrt{U}}{6\sqrt{U} - 1}$$

> ###
> ### Assim, ficamos com
> xaproxx := $x \to \dfrac{U(x) + 10\sqrt{U(x)}}{6\sqrt{U(x)} - 1}$:

> $U := x \to \dfrac{m(x)}{j}$:
> $m := x \to \text{round}(j \cdot x)$:
> $j := 1000000000000$:
> ##################################
> ###
> ### Passo 3
> ###
> ### Agora podemos, finalmente, encontrar a raiz
> ###
> ##################################
> ###
> xN

$$2.156124982$$

> evalf(x0)

$$1.500000000$$

> $x1 := xaproxx(x0) : evalf(x1)$

$$2.165474577$$

>

$Errorelativo := \text{abs}\left(\dfrac{(xN - x1)}{xN} \cdot 100\right) : evalf(Errorelativo)$
   ## Em porcentagem (%)

$$0.4336296$$

> #####################################
> ###
> ###   Terceira Etapa
> ###
> #####################################
> ###
> ### Repetir o processo da Segunda Etapa para
> ### obtermos a raiz de precisão aumentada
> ###
> xN

$$2.156124982$$

> $evalf(x1)$

$$2.165474577$$

> $x2 := xaproxx(x1) : evalf(x2)$

$$2.156126274$$

>

$Errorelativo := \text{abs}\left(\dfrac{(xN - x2)}{xN} \cdot 100\right) : evalf(Errorelativo)$
   ## Em porcentagem (%)

$$0.0000599$$

> #####################################

Problema 23

Encontre as raízes da equação transcendental, dada por:
$$4x - 9 = 1 - e^{-x},$$
usando o Método Analítico Matemático Aproximado Simplificado (SAAMM), e compare o resultado obtido com a

> função aproximada para a raiz com um resultado de referência.
> Calcule também o erro relativo da aproximação.

```
> ###############################
> restart
> ###############################
> ### Equação transcendental
> ###
> fesq := x→4·x − 9 :
>
                    ### Funçao do lado esquerdo da equação transcendenta
> fdir := x→ 1− exp(−x) :
>
                    ### Função do lado direito da equacao transcendental
> ###
> f := x→fesq(x) − fdir(x) : f(x)
                    4 x − 10 + e^(−x)
> ###############################
> ###
> ### Primeira Etapa
> ###
> ###############################
> ###
> ###  Plotar a função do lado esquerdo
> ###  e a função do lado direito, ambas
> ###  no mesmo gráfico,
> ###
> ###  para encontrar o chute inicial, x0
> ###
> ### Nesta etapa é necessário fazemos o esboço da função f(x) para
> ### escolhemos os intervalos que contêm as raízes
> ###
>
plot([fesq(x), fdir(x)], x = 0 ..5, axes = normal, axis = [gridlines = [14, color = gray]]
    labels = ["x", "f(x)"], labeldirections = ["horizontal", "vertical"], color = [blue,
    red], style = [line, line], symbol = [point, point], thickness = [1, 3], linestyle = [1,
    3], view = [0 ..5, −5 ..5])
```

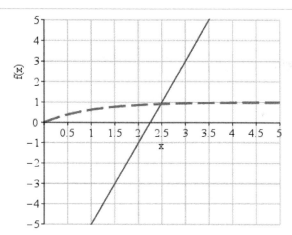

> ### No gráfico acima vemos que existe uma raiz
> ###
>
Buscamos inicialmente o chute inicial, x0, para a raiz real procurada
> ####################################
> ### 0 < x0 < 5
> ####################################
> $x0 := \frac{(0 + 5)}{2} : evalf(x0)$

$$2.500000000$$

> ####################################
> ### Busca do valor de referencia
> ###
> ### No Maplesoft podemos usar o seguinte procedimento:
> ### para encontrar o valor numérico desses resultados
> ###
> $xN := fsolve(f(x) = 0, x, x = 0 ..4)$
$$xN := 2.479044173$$

> ####################################
> ###
> ### Segunda Etapa
> ###
> ####################################
> ###
> ### Passo 1 - Quando ha a presença de termos
> ### transcendentais, primeiramente,

> ### *devemos substituir esses termos*
> ### *pelas funções aproximadas*
> ### *Essa ordem de execução é importante*
> ###
> ### *Considerar a função f(x)*
> *f(x)*
$$4x - 10 + e^{-x}$$
> $f := x \rightarrow 4x - 10 + e^{-x}:$
> ###
> ### *Substituir a função transcendental*
> ### *pela função aproximada f2*
> ###
> $faprox := x \rightarrow 4x - 10 + f2:$
> ###
> ### *A funcao aproximada f2 pode ser obtida*
> ### *pela expansão em Série de Taylor da funcao*
> ### *até a ordem que se deseja trabalhar no problema*
> ###
> ### $exp(x) \Rightarrow x = \text{theta} + U$
> $taylor(\exp(-(\theta + U)), \theta = 0, 5)$
$$e^{-U} - e^{-U}\theta + \frac{1}{2}e^{-U}\theta^2 - \frac{1}{6}e^{-U}\theta^3 + \frac{1}{24}e^{-U}\theta^4 + O(\theta^5)$$
> ### *No caso, vamos considerar*
> ###
> ### $f2 := exp(x) \sim e^{-U} - e^{-U}\theta$
> $f2 := e^{-U} - e^{-U}\theta:$
> ### *fazendo*
> $\text{theta} := x - U:$
> $faprox(x)$
$$4x - 10 + e^{-U} - e^{-U}(x - U)$$
> $faprox := x \rightarrow 4x - 10 + e^{-U} - e^{-U}(x - U):$
> ################################
> ###
> ### *Passo 2 — Resolver a função aproximada*
> ### *para encontrar o valor de x aproximado*
> ###
> $solve(faprox(x) = 0, x)$

$$\frac{e^{-U}U + e^{-U} - 10}{-4 + e^{-U}}$$

> ###
> ### Assim, ficamos com
> $xaproxx := x \rightarrow \dfrac{e^{-U(x)}U(x) + e^{-U(x)} - 10}{-4 + e^{-U(x)}}$:
> $U := x \rightarrow \dfrac{m(x)}{j}$:
> $m := x \rightarrow \text{round}(j \cdot x)$:
> $j := 1000000000000$:
> ####################################
> ###
> ### Passo 3
> ###
> ### Agora podemos, finalmente, encontrar a raiz
> ###
> ####################################
> ###
> xN

$$2.479044173$$

> evalf(x0)

$$2.500000000$$

> x1 := xaproxx(x0) : evalf(x1)

$$2.479048806$$

>

Errorelativo := abs$\left(\dfrac{(xN - x1)}{xN} \cdot 100\right)$: evalf(Errorelativo) ## Em porcentagem (%

$$0.0001869$$

> ####################################
> ###
> ### Terceira Etapa
> ###
> ####################################
> ###
> ### Repetir o processo da Segunda Etapa para
> ### obtermos a raiz de precisão aumentada
> ###
> xN

```
>  evalf(x1)
                           2.479044173

                           2.479048806
>  x2 := xaproxx(x1) : evalf(x2)
                           2.479044173
>
Errorelativo := abs( (xN − x2)/xN · 100 ) : evalf(Errorelativo)   ## Em porcentagem (%)
                               0.
>  ##################################
```

    Neste Capítulo, abordamos os principais pontos para a resolução de equações transcendentais utilizando o SAAMM. Com o conhecimento adquirido até esse capítulo, estamos preparados para aplicar essas ideias para resolver equações diferenciais difíceis. Chamamos equações diferenciais difíceis, as equações diferenciais que não possuem soluções analíticas exatas fáceis de se obter ou, que nem mesmo têm soluções analíticas conhecidas. Quando nos deparamos com equações diferenciais dessa natureza, normalmente recorremos a procedimentos numéricos, como métodos de integração numérica ou métodos numéricos de solução de equações diferenciais. Todavia, podemos explorar uma abordagem alternativa usando o SAAMM.

Conclusão

Este livro apresentou o Método Analítico Aproximado Simplificado (SAAMM), uma ferramenta poderosa que pode ser usada para resolver uma ampla gama de problemas em ciências e engenharia.

No Capítulo 1, o SAAMM foi aplicado a funções trigonométricas, hiperbólicas, exponenciais e logarítmicas. Isso forneceu ao leitor uma compreensão básica do método e de como ele pode ser usado para obter funções aproximadas para essas funções, dando ao leitor elementos para que seja capaz de aplicar esse método em outras situações além das funções mencionadas.

No Capítulo 2, o SAAMM foi aplicado a equações polinomiais. Isso mostrou como o método pode ser usado para resolver equações polinomiais de forma analítica aproximada e simplificada.

No Capítulo 3, o SAAMM foi aplicado a equações transcendentais. Isso mostrou como o método pode ser usado para resolver equações transcendentais de forma analítica aproximada e simplificada.

Estes três capítulos fornecem a base necessária para que o leitor aplique o SAAMM a equações diferenciais. Um outro volume será dedicado a essa aplicação.